OHSAMA BUNKO

あと少し「直感」を生かすと人生が変わる!

八木龍平

JN108931

三笠書房

We can know more than we can tell

「我々は語ることができるより多くのことを知ることができる」

（マイケル・ポランニー『暗黙知の次元』より）

はじめに……自分の中の「見えない力」を味方につける本

あなたは、自分の**「直感」**をどのくらい信じていますか？

直感とは、何かを瞬時に感じ取ること。その「何か」とは、**腹の奥底にある「自分からのメッセージ」**です。

たとえば、「これ、うまくいきそう」「なんかツイてる！」といった感覚を味わったことはありませんか。

この「あいまい」だけど、迷いやブレのない確かな感覚。これが「自分からのメッセージ」であり、〝心の声〟です。

心の声は、直感という「見えない力」で、私たちにいつも大切なことを知らせてくれています。

もちろん、感覚ですから、言葉にしにくく、理屈でうまく説明できるものではありません。ただ、直感は誰にでも同じように備《そな》わっていて、その力を磨くことで、あなたの願いは、確実に現実のものとなっていきます。

人生の転機に、「神社に呼ばれる」「神様に呼ばれた」という人の話を聞くことがありますが、これも〝直感〟が働くからこそわかること。

三菱グループの岩崎弥太郎、パナソニックの松下幸之助など、大企業の名だたる創業者たちも、そんな経験を語っています。くわしくは本文でご紹介しますが、**「心の声」に耳を傾けている人ほど、多くのチャンスに恵まれる**のです。

僕自身も、直感に従って進んだことで、人生に想像をはるかに超える展開が起こったひとりです。

当時、勤めていた大手メーカーの研究所を退職してまで出した本が、マイナーなジャンルであるにも関わらず、ベストセラーになりました。ただの神社好きな会社員が「神社の専門家」と言われるまでになったなんて、今振り返っても驚きです。

ただ、僕は、自分の直感を信じていました。

心の声に耳を傾け、それに従って行動したまでです。

一度、直感が働き出すと、信じられないような「たまたま」の好都合が起こり続けます。自分が何かを決めて動かなくても、自然と「来た流れ」にすんなり乗れるようになっていくのです。

その結果、それまで無理だと思い込んでいた、自分の常識や計算〝外〟の出来事でさえも、この世界からの「ギフト」として、なんの抵抗もなく受け取ることができるようになるでしょう。

「最近、なんとなくうまくいかない」と感じる人や、「気をつかえばつかうほど、裏目に出てしまう……」と悩んでいる人は、ぜひ〝直感の知らせ〟に、あと少し敏感になってほしいと思います。

もう、あれこれ不安に思わなくても大丈夫です。あなたは、どうしたらいいのか、**すでに「答え」を知っています**。あとは、それにアクセスするだけ。

本書を読んで、自分の中にある〝直感〟という「見えない力」を味方につけて、あなたの人生を好転させていきましょう！

「リュウ博士」こと、八木　龍平

目次

1章 人生を好転させる「見えない力（直感）」とは

――このメッセージに気づいていますか

2章 誰にも「ピンとくる」瞬間がある
――その時、あなたの中で何が起こっている？

3章 もっと直感を働かせたいなら
――今すぐできる簡単な練習法

4章 願いと現実がつながる「9つの魔法」
——人に好かれる！ いい気分が続く！

5章

「ただの私」になれた時、すべてが思い通りに！

――ゴールへの「最短ルート」がここにある

1章

人生を好転させる「見えない力(直感)」とは

——このメッセージに気づいていますか

「自分からのメッセージ」の受け取り方

私たちは、誰でも〝直感〟という「見えない力」を備えています。この力を磨き、日常に生かすことで、人生は大きく変わっていきます。

その一歩は、腹の奥底にある「深い知恵」ともいうべき「自分からのメッセージ」に気づけるかどうか。

まず、僕がそれを受け取った経験からお話ししましょう。

26歳の冬、当時ＮＴＴコムウェアという会社で、システムエンジニアとして働いていた僕は、自分の人生を大きく変えたいと望んでいました。

それで、自己分析の方法に定評のある就職予備校の門をたたいたのです。そこは、大学生を中心とした就職活動生のサポートに加えて、社会人の転職にも対応しているスクールでした。

「自分はこれまで、どんな人生を歩んできたのか？」
「何に感動し、どんなことに悩んだのか？」
「これから、どんな人生を歩んでいきたいのか？」

そういったことを、言葉にし、紙に書き出す作業はなかなか苦痛でしたが、それによって、過去の自分が見えてきます。

僕は、会社の仕事で「データベースの構築」や「手順書の作成」に夢中になることから、「コツコツと調べて、知識を整理し共有することで、誰かの役に立つこと」が好きなのだと気づきました。

それで、「会社を辞めて、大学院でＭＢＡ（経営学修士）を取ろう！　経営の知識を学んで、そして経営コンサルタントになろう！」と考えたのですが、イザそうしようと思うと、頭はグルグル、体はモヤモヤして、悩みのループにおちいりました。なぜか、思うようにできず、最初の一歩が踏み出せないのです。

「八木ちゃん、あせってない？」と友だちに言われ、「うーん」となって腕組みしたり、頭をかかえたり、ムカムカしたり……。

考えることは、過去の整理には役立つのですが、未来の創造には「何か」が足りませんでした。おそらく、その「何か」が足りないから、人は悩んだり、迷ったり、ブレたりするのでしょう。

そもそも生き方に、正解はありません。世の中には変わった人たちも多くいます。**選択肢はたくさんあり、正しいも間違いもない。何を選んでもいいのです。**

だからこそ、当時の僕は迷いました。何を選べば、自分にとっての「正解」になるのか——。

今思えば、この「正解」という考え方には、「世間的に見て、うまくいかないといけない！」という見栄や思い込みがあったように思います。

実際、その時の僕は年収が半分になっては残念だし、社会的ステータスも上がってほしかったのです。


しかし、会社を辞めて、経営コンサルタントを目指したとして、そんな「見栄を満足させる」収入や社会的ステータスが得られる保証はありません。仮に得られたとしても、プレッシャーがすごくて、押しつぶされるかもしれない……。

いくら考えても、「何か」が足りなくて、「これで行く！」と決められなかったのです。

「直感」が働くと動かずにはいられない！

僕は「何か」が足りなくて、新しい一歩を踏み出せないでいました。

そんな時に、先ほどお伝えした自己分析の手法を用いた就職予備校で、その「何か」を手にしたのです。


そこで、先生（と呼んではいけない決まりがあったのですが、ここでは「先生」にします）から、受講生に次のような指示がありました。

「これからテープを流すけど、この通りにやってもらえますか？」

受講生は５人。男性４人に女性１人です。

「いったい何が始まるのだろう？」と思いつつ待っていると、

「目をつむり、あなたが最もリラックスできる景色を思い浮かべてください。現実の景色でも、あなたの想像上の景色でも構いません」

との声が聞こえてきました。

これは、催眠《さいみん》療法（ヒプノセラピー）と呼ばれる心理療法のひとつで、催眠状態に入ってから、自分の内面と向き合いつつ、悩みやストレスの原因を探っていくものです。もちろん、当時の僕には初めての体験でした。

リラックスできる景色を思い浮かべた後も、先生の誘導に合わせて、僕たちは指示されました。

「目の前に扉が現われます。その扉を開くと下に続く階段があります。その階段を一歩一歩、降りてください。

階段を降りた先に、また扉があります。その扉の先には、あなたの5年後の世界が広がっています。

さあ、扉を開けてください。足下《あしもと》を確認してください。そして、周りの景色を見てください。何が見えますか？」


体験したことのない人には、何か怪しいことをやっているなと、苦笑いするばかりでしょう。しかし、僕はこれで**5年後の自分に出会えた**のです。事実、受講生5人の内、4人が「未来の自分」が見えたと話しました。

◆「写真」の姿で伝えてきた未来

その時、僕が「1枚の写真」として見たのは、5年後の自分（31歳）、そして40歳の自分でした。

5年後の僕は白衣を着て、黒板の前で何か説明していました。40歳の僕は、スーツを着て教室のような場所で生徒らしき人たちに、やはり何かを話しています。

40歳の時は、さらに3枚の写真を見ました。当時の総理大臣と一対一で会話している場面、大きな一軒家を訪問し、3～4歳の子どもを見ている場面、そしてマンションの一室のドアを開けている場面です。

これらの写真を合わせ、ピンときた僕は、「大学の教員を目指そう！」と決めました。地位の高い人と話す学校の先生といえば、大学教員だろうと考えたからです。安易かもしれませんが、不思議なことに、その時の僕は、すっかり迷いが消えていたのです。

家に帰るなり、大学の教員にはどうなるのか調べるために、『大学教授になる方法』（鷲田小彌太／ＰＨＰ文庫）を読むと博士号が必要だと書かれていました。「やっぱり大学院に行こう。ただし、ＭＢＡではなく、博士号を取ろう。できれば理系がいい。5年後の僕は白衣を着ていたけど、それは理系ということだろう」と思ったからです。

ちなみに僕は超がつくほどの文系です。小学生の頃から理科だけズバ抜けて不得意でした。電気回路の図など見たら、一瞬で思考が止まります。

それに、博士課程に進学した知人もいません。この先、どのような生活になるのか、体験談を見聞きしたこともありませんでした。

大学院には修士課程だけでなく、その先に博士課程もあることは、知識としては知っていましたが、当時の自分とは、まったく縁遠いものだったのです。

このように**「直感」が働くと、自分の想定や計算をよい意味で超えていきます。**

ふつうに考えたら、「絶対に自分では選ばない」「選択肢にすら思い浮かばない」ことを、「やってみよう!」とすぐに決断できるのです。

そんな自分自身をとても興味深く感じ、僕は〝直感〟という「見えない力」に関心を持つようになりました。

「これはイケる!」という不思議だけど確かな感覚

みなさんは、こんな感覚を味わったことがありますか?

「波が来ている!」
「これは、いける!」
「なんか、売れる気がする!」

この**「あいまい」だけど、自分は確実にわかっている感覚。**これからはこの感覚を磨くことが大切です。なぜなら、それこそが腹の奥底にある「自分からのメッセージ」だから。僕は、この感覚を「**腹落ち**」と表現しています。

すべては、この〝なんだか感じる〟から始まるのです。


「ただの妄想《もうそう》でしょ?」

と思われる方がいらっしゃるかもしれません。しかし、「腹落ち」と「妄想」は確実に異なります。**この2つを区別するカギは「実のある身体感覚」**です。

それは、腹落ちなら「自分ごととして、深く納得する」こと。腹に落ちて納得すると、自分自身の行動や意識に変化が起こります。また、変化するためのやる気や自信がみなぎります。

しかし、妄想は、他人に行動や意識の変化を要求します。たとえば、他人に対して、自分の話を信じるよう、自分への扱いを変えるよう、一方的に要求するのです。

腹落ちは他人に要求しません。ただ自らが変わるのみです。この体、この肉体に、腹の底から力がみなぎるような感覚になり、迷いも心配もなくなるでしょう。

「波が来ている！」
「これは、いける！」
「なんか、売れる気がする！」

こういう感覚がわかって、はじめて自分を動かすことができるのです。

この感覚なしに、頭でっかちに理屈だけで考えて動くと、失敗したり、下手な詐欺《さぎ》に引っかかってしまうのがオチです。

ただ、「ふと」した感じや、「なんとなく」という感覚だけでは、日常のちょっとした行動には反応できても、大きな決断はできません。

決断とは、「大きな何かを得るために、大きな何かを捨てること」「捨てて、自分の枠をはみ出ること」だから。今日のランチを「ふと、なんとなく」ラーメンにするのは、決断ではありません。それによって、二度とカレーを食べられなくなる、というわけではないですから。

しっかりと、自分自身が「腹落ち」して、はじめてもう一方を捨てられます。

枠をはみ出る決断ができるのです。

この力強い感覚こそ、腹落ちの感覚。自分が腹落ちしたら、もう動くしかない。新しい環境に飛び込むしかできなくなります。それは、捨てられないと思い込んでいた何かを捨て、安全に過ごせた場所から出ていくことを意味します。

だから、決断する前は怖いのです。でもイザ決断できたら、怖くなくなります。なぜなら、**「自分の心の声に従っている」だけ**だから。むしろ安心感を得るでしょう。

「自分の心の声」とは、腹の奥底にある「深い知恵」。腹の奥底にある「自分からのメッセージ」。「直感の原動力」となるものです。

✦自分の感覚は相手と共感できるのか

心の声は、きわめて個人的で言葉にならない感覚です。

これが感覚でなく「知識」なら、言葉になっているので、他人も理解できます。

これが感覚でなく「感情」なら、感情を言葉にすると、他人は共感します。

ですが、感覚は言葉にするのが難しく、他人は理解も共感もできません。あえて言葉にするとしたら、「いける」「やれる」「やる」というレベルにしかならない。

しかし、その感覚にしたがってひとり決断し行動する中で、不思議と応援する人、共に行動する人が現われることがあります。

この現象を「**共鳴**《きょうめい》」と呼びます。

共鳴とは、**誰かの感覚が、言葉を超えて他の人たちに伝わること**です。

「私にはわからない。でも応援するよ」

「私にはよくわからない。でもあなたのように私もやってみるよ」

この共鳴が「影響力」の正体です。他人の理解も共感も期待しない。でも、自分だけは「これだ!」「これをやるんだ!」と決断し行動する。すると、他者の共鳴を呼び起こす。共鳴とは感覚の共有であり、夢の共有です。

自分と同じ感覚の人たちが出会い、同じ夢を追いかける。腹落ちした夢に向かって、理屈や論理を超えて協力し合う。この一連の流れが「自分の心の声」が持つ偉大なパワーです。

インターネットの普及で、知識は無料で検索できるようになり、その価値は暴落しました。代わって価値を持つようになったのが、**検索できない感覚や感情**。人はあなたの感性に共鳴し、共感します。

これからは共鳴・共感こそ、ますます価値を持ちます。ですから、腹の奥底に眠るあなた自身の感覚を呼び覚ましましょう。

頭を空っぽにして「問い」を立てるだけで……

これまでの僕の人生には、二度の大きな転機がありました。

一度目の転機は、先ほどお伝えした文系の会社員なのに、会社を辞めて理系の大学院に進学したこと。その後は博士号を取り、大手メーカーの研究所に転身しました。言うまでもなく、研究者は、僕以外みな理系でした。

二度目の転機は、その研究所を辞めて、趣味だった神社についての本を出版し、累計40万部を超えるベストセラー作家になったことです。

特に、この時は、周囲の理解を超えていたでしょう。「なぜ?」と、僕も他人だったらそう思います……。でも、自分の中では迷いなく決断したことでした。

本がベストセラーという結果になった後で、「こうなることを計算し切っていたのでは？」と思う方もいました。過大評価をしてくださるのはありがたいですが、無論、計算〝外〟でした。

それで改めて、「僕は二度の転機に何をしていたのか？」と振り返ってみました。

「頭を空《から》っぽ」にしていた――そう、どちらの転機でも、僕は頭を空っぽにしていたのです。

そもそも未来のことを計算し、結果を保証するなんて可能でしょうか。できたら誰も苦労しないと思いませんか？

ただ、**頭を空っぽにする時は、必ず「問い」を立てるようにしていました。**

たとえば、

「田中さんからのお誘い、受けたほうがいいのか、断ったほうがいいのか」

「新しい環境になじめないけど、これでいいのかなぁ?」

「今度出す商品の価格は10万円でいいだろうか?　高すぎて買ってもらえないだろうか?」

と、今、自分が迷っていることや悩んでいることについて、具体的な質問を思い浮かべてみるのです。

そして、一度しっかり思い浮かべたら、後は忘れましょう。ずっと質問を思い続ける必要はありません。すると、どこかから答えがやってきます。

「心の声」とのつながりがあれば、どこからともなく「偶然」の助けがやってきて、困難もサラリと乗り越えられるのです。


たとえば、僕の場合だと、研究所を辞め、神社の本を出すかたわら「何をやろうかな?」と問いを立てたら、こんなふうに教えてもらえました。

ある人にお世話になったお礼に、僕が性格分析をすると、

「これはメニュー化しているのですか?」

「いいえ」

「していないんだ。じゃ、いつするんですか？」

「まあ近々……」

「じゃ、私のブログでご案内します！」

あれよあれよと人様のブログでご案内されたら、引っ込みがつかなくなり、始めてみると申し込みが相次ぎ、すぐに月30万円の収入ができました。

そう、これらはぜんぶ「たまたま」です。**直感という見えない力が働く時は、嘘のような「たまたま」のラッキーが起こり続けます。**

✦流れに乗っている？　それとも、流されている？

「それは、ただ流されているだけでは？」と疑問に思う方もいらっしゃるでしょう。でも、実際そうなんです。問いを立てると、その答えが向こうからやってくる。それを実行する。ただ、そのくり返しです。

もう少し言うと、受け身で流されているのではなく、積極的に流れに乗るのがコツ。踊るアホゥになるのです！


また、積極的に流れに乗るポイントは2つあります。

ひとつは、**自分の常識を超えようと意識する**ことです。

たとえ苦手なことであっても、自分の常識や計算〝外〟の出来事を**「世界からのギフト」**ととらえて、積極的に生かします。

そしてもうひとつは、**感覚のアンテナを立てること**。アンテナを立てるよい方法がやはり、問いを立てることです。

僕はフィールドワークと呼ばれる行動観察を豊富に経験しましたが、観察する時は、「ここに赤いものはどれくらいある？」のように問いを立てて観察したほうが、ただ漠然と観察するよりも多くのことに気づきます。

問いの答えを探そうと、感覚のアンテナが立つからです。このアンテナが立っていないと、「世界からのギフト」が目の前にやってきても、スルーしてしまいます。なんて悲しいことでしょう！

「私は不運だ！」となげく人の多くは、不運にアンテナを立て、幸運にアンテナを立てていないだけ。ギフトは誰のもとにも来ています。

「運がいい人」は、ただそれに気づいて、受け取っているだけのことなのです。

そして、この流れに乗ると、不思議と迷いが消え去ります。

その後、僕は神社に行くようになって「未来を見たい」とは1ミリも思わなくなりました。ようするに、自分で未来を決めなくなった。ただ来た流れに乗るようになったのです。

ただし、来た流れにちょこんと乗るのではなく、**流れの力に自分の力を思いっきり加える**ようにしています。それがポイントです。

すると、その流れに命が宿り、どんどん勢いも増していくようになります。

「リラックスしている人」が運をつかむ

リラックスし、頭の中が空っぽになったところで、問いを立て、答えをイメージする。

これが先ほどお話しした催眠療法で行なわれた「直感を働かせる手順」です。

自分の腹の奥底にある「心の声」とつながり、自分でも思いがけない行動をとることで、新たな流れを呼び込む。これが「人生が変わる」「幸運を引き寄せる」「願いを叶える」方法なのです。

これを聞いて、「さっそく催眠療法を受けてみよう！　ヒプノセラピーで検索すればいいのかな!?」とお思いの方もいるでしょう。

実は、僕が未来の写真を手にした時、催眠療法の専門家に、「未来を見てすばらしい体験をしました！」と目をキラキラさせてお話ししても、「あぁ、確かに未来が見えますよね……」と、なんだか反応が鈍《にぶ》かったのです……。

僕のようなおじさんのキラキラ顔に引いたのでしょうか。

それもあるかもしれませんが、どうやら催眠療法で未来を体験しても、具体的な行動に結びつける人は少数派らしいのです。多くの人が体験中に泣き喜び、あるいは体験したことの意味を確認して、それで終わるといいます。

つまり、催眠状態を体験してそれで終わりにする人が大半ということ。


たしかに、未来の自分に出会うのは、ワクワクドキドキする体験ですが、ただ体験して終わりでは、一時的な気晴らしと同じです。行動なくして、願いが叶うことはありません。人生が変わることも、幸運を引き寄せることもありません。

僕が「1枚の写真」として見た未来の自分は、あくまでひとつの可能性。その可能性を「現実にしよう！」という強い意志と実際の行動がなければ、１００％実現しませんでした。

◆見えた「未来」を生かすには

また、未来の写真には、**さまざまな読み取りが必要**です。

たとえば、白衣を着た自分の写真は、「理系の大学院に行く」と読み取りました。しかし、実際に白衣を着ることはありませんでした。読み取らずに未来写真を実現するなら、白衣のコスプレをするだけでもいい。でも、そうではありません。

総理大臣との会話の写真を見ても、「実際に総理と話そう！」とは思いませんでした。もしストレートに受け取ったら、40歳になったら首相官邸に乗り込み「僕、総理と話している未来を見たんです！　会ってください！」とお願いすることになります……。

やはりさまざまな読み取りを加えて、「学校の先生」、それも総理と話すような立場の学校の先生は、大学教員だろうと考えました。

もっとも、写真で現われたM総理とは、ちょっとご縁がありました。僕が進学したのは、M総理が地元に誘致《ゆうち》した大学院で、式典の時は祝電が届きます。しかも在学中に近所のスーパーで一度お見かけし、「未来の写真に、M総理が現われたのは意味があったのかも」と思ったものです。

それだけでなく、**未来が実現するタイムラグも多少あります**。

大きな一軒家に訪問し、3~4歳の子どもを見ている写真と、マンションの一室のドアを開けている写真が実現したのは、42歳の時です。

一軒家とマンションの二重生活で、3~4歳の子どもとは、僕が42歳で結婚した時の当時のパートナーの子どもでした。

そして、大学教員には38歳でなっています。

未来の写真をどのように読み取り、行動に結びつけるかは、あなたの演出次第です。

「あなた」という会社の経営者は、あなた自身。

「あなた」という映画の監督・脚本・主演は、あなた自身なのです。

自分の人生を自分主導で生きる。このゆるぎない姿勢の上で、直感を働かせてください。

リラックスし、頭を空っぽにして、質問すると、自分からのメッセージは聞こえやすい。すると、流れに乗って行動するだけ。

直感のおかげで得た思いがけないアイデアをもとに行動すれば、思いがけない人生の展開が待っています。

あなたは本当に望んだ未来へと導かれるでしょう。

イザという時ほど「心のスキマ」がモノをいう

「君は、昼行燈《ひるあんどん》だな」

システムエンジニアをしていた頃の会社の上司に言われた言葉です。

「え？　どういうことですか？」

「忠臣蔵の大石内蔵助《おおいしくらのすけ》だよ。ふだんボーッとして、ちゃんとやってんのかな？と心配になるけど、やることはやっている。イザという時は頼りになるじゃない」

ちゃんと観てくれる上司がいて、僕は幸運でしたよね。

システムエンジニア時代は、直感を意識する機会は少なかったですが、今にして思うと、トラブルシューティング（何か問題が起こった際に、その原因を探して取り除くこと）の時に役立てていました。

すぐに解決できないシステムトラブルがあった際、まず最初にやるのは「故障原因の切り分け」。故障の原因になりそうなことをすべてリストアップして、一つひとつ確認していくのですが、これがなかなか難しい。

たとえば、故障の原因がある設定ファイルの末尾にスペース（空白）がひとつ追加されているだけだとしたら、そのファイルを目視《もくし》するだけでは問題があるとわかりません。

「問題ないはずなのですが……」と報告し、「だったらなんで動かないんだ！」とお客様や上司を怒らせるばかりです。

こういう時は、もう**答えが「降りてくる」のを待つ**しかない。コンピュータのキーボードに両手を置き、目をつむり頭を垂れる。しばらくすると**「ハッ！」と****ひらめき**ます。

「そうだ、正常に動く設定ファイルと、動かない設定ファイルで何か違いがないか、差分（比較対象となる2つのものの異なる部分）を表示するコマンドを実行してみよう！」

コマンドとは、コンピュータに特定の機能を実行するよう指示する命令です。この時は、「diff　正常な設定ファイル名　動かない設定ファイル名」と打ち込みました。すると、動かない設定ファイルには、末尾に空白が1行あるとわかったのです。

こういう対応は、知識だけでは不十分で、説明できない感性が求められます。感性は、経験を積むほどに磨かれます。

ただ、感性が自分からのメッセージというわけではないので、経験を積んだからといって「直感」が働いてくれるとは限らないのです。

◆経験が積み上がる人、積み上がらない人

ある時、先輩からこんな相談を受けたことがあります。

「経験が積み上がる人と、積み上がらない人がいるよね。この違いは何なのだろう？　僕は何度も経験しているのに、いつも同じようなことでつまずいて苦しむんだ」

思えば、先輩は真面目《まじめ》な人でした。そう言われた時、僕はうまく答えられず、ただ傾聴《けいちょう》するばかりでしたが、その後、経験を積むにつれて、ひとつ違いがあると思いいたりました。

それは**「事にあたっての余裕」**です。

何か問題に突き当たると、すぐパニックになったり、余裕をなくして感情を自分の外へ当たり散らしたり、逆に自分を責めたりしていると、よいアイデアは浮かびません。

こういう時、「騒いでも問題は解決しない」と、いい意味で開き直った上で、問題解決に集中する人は、経験するほど成長し、直感も働いていたように思います。

この「事にあたっての余裕」を、僕は「スキマ」と表現しています（くわしくは94ページ参照）。

パニック、他者への当たり散らし、自分責め……どれも頭の中はグルグル思考でいっぱいです。**このグルグル思考を取って、一度頭を空っぽにする。**これは決して投げやりになるという意味ではありません。**「トラブルの原因はどこにあるのか?」この問いに集中する**のです。

すると、空っぽになってできたスキマに、答えが降りてきます。

経験を積むほど知識は増えるのに、それを生かせないのは、生かすスキマが空いていないから。このスキマの大きさを、人は「器」とか「度量」と表現するのでしょう。

イザという時ほど、余裕を持ちましょう。その余裕から、あなたを助けるアイデアが降りてきます。

「ボーッとすること」が、なぜアイデアを生むのか？

「スマホにも触らないでボーッとしている三分間を一日に何回かつくること」

精神科医で睡眠が専門の西多昌規さん著『ぼんやり脳！』（飛鳥新社）での指摘です。脳科学の視点から、余裕を持つこと、頭を空っぽにすることは有用だというのです。

なぜなら、脳はあれこれ頭を使っている時より、ぼんやりしている時のほうがフル回転し、情報を整理してくれるから。**無心になる時間をつくることで、よいアイデアが生まれたり、考えがまとまったりする**のです。

たとえばアップルの創業者スティーブ・ジョブズ氏が、日常的に「何もしないで休む時間」をつくっていたことは有名です。

ジョブズ氏曰《いわ》く、そうすることで、「直感が花開く」「とらえにくいものの声が聞こえるようになる」というのです。ジョブズ氏にとって休みとは、発見や創造の手段でもあったわけですね。

同様に、サッカー日本代表キャプテンとして長年活躍した長谷部誠選手も、著書『心を整える。勝利をたぐり寄せるための56の習慣』（幻冬舎）の中で、「毎日30分間、心を鎮《しず》める時間をとる」という習慣を紹介しています。

どんなに忙しい時でも、アロマを焚《た》いて横になり、リラックスした状態で天井をじっと見つめ、ぼんやりします。そうすることで、**自分と対話し、ザワザワした心を鎮める**というのです。

このように活躍している人は、意図的にボーッとすることで、直感力が高まり、よいアイデアや解決策が浮かぶようになると経験的に知っています。

グーグルやフェイスブック、ヤフーなどの有名企業で、「マインドフルネス瞑想」が注目されているのも、同じ理由からです。瞑想は、目をつむって静かに呼吸する時間を持つこと。ただそれだけですが、そうすることで、社員のパフォーマンス向上が期待できるのです。

✦忙しすぎの脳へ――「瞑想」の習慣

僕自身、ボーッとすることは得意分野です。ただ木を見ているだけで、退屈しません（周りから、なまけているだけだとツッコミを入れられそうですが……）。

加えて、瞑想の習慣も、かれこれ11年以上続いています。僕がよくやるのは**「合掌《がっしょう》瞑想」**という、手のひらを使った瞑想です。あぐらをかいて目をつむり、「いただきます」のように軽く手を合わせて、座り続けます。

シンプルにただこれだけで、後は座りたいだけ座ります。そうすると、体内が微妙に変化していき、感覚がより鋭く敏感になって遠くの音が聞こえるようになります。

この体内の微妙な変化は、言葉で説明するよりも、体感してみてください。体内のバランスが整っていく感じがあって、この変化を感じると、瞑想が続くモチベーションになります。

瞑想とはシンプルなものです。長谷部選手のように寝転んで天井を見続けるのも瞑想です。僕の場合は合掌しましたが、両手をひざの上に置いておいても構いません。手のひらは上向きでも下向きでもどちらでも構いません。

僕がよくやるのは上向きにして、親指の先と人差し指の先をくっつけて輪をつくります。他の3本の指は軽く伸ばしておきます。ヨガで「ムドラー」と呼ばれる手印《しゅいん》（ハンドジェスチャー）で、生命エネルギーを高める技術として知られます。

現代人の脳は忙しすぎです。スマホがあると、起きている間はずっと忙しい人もいるでしょう。それでは直感が働くスキマがありません。

忙しい方ほど意図的にボーッとする時間をつくって、頭を整理整頓《せいとん》し、心の声が聞こえてくる余裕をつくりましょう。

すると、不思議なくらいメンタルも安定します。

「歩く」「温泉」「神社参拝」――ゆったりした時間が生み出すもの

ただ、常に動いていたい人だと、何もしないで休む、単にぼんやりするというのがなかなか難しい。退屈だし、長続きしないでしょう。

そういう方は、「強制的にリラックス」すべく、新鮮でゲーム性のあるマイルドな刺激を与えるとよいでしょう。

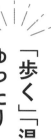

そこでおすすめの３つが**「歩く」「温泉」「神社参拝」**です。

まず、歩くこと。言うまでもありませんが、定期的な運動は、記憶力と学習能力を高めます。汗をかくと気持ちいいし、運動に夢中になると、無心に近づき集中力が高まるのは、経験ある人も多いのではないでしょうか。

ただ、運動はちょっとハードルが高い人もいる。そこで「歩く」ことをおすすめするのですが、リラックスするために歩き方にひと工夫をします。

歩きながら瞑想するのです。「歩き瞑想」のやり方はカンタン。歩きながら、「足が地面に着いた、足が地面から離れた」という感覚に集中します。「あ、左足が地面から離れたな」「左足が地面に着いたな」「右足が地面から離れたな」「右足が地面に着いたな」と、これをくり返します。口に出す必要はありませんが、自分の中で確認しながら歩いてみましょう。

ふだん何気なくやっていることを意識してやるのは、瞑想の基本です。たとえば鼻呼吸して、「あ、今吸っているな」「今吐《は》いているな」と、ただただ確認するのも、よく知られているところです。

そうやって自分を客観的に眺《なが》めると、悩みや不安や苦しみも客観的に眺められるようになり、次第に頭が空っぽになっていきます。考えていることと、自分の意識が切り離されて、意識に余裕が生まれるのです。

次に、温泉。

日本文学の代表的な作品の多くは、温泉宿で生まれています。夏目漱石の道後《どうご》温泉、川端康成の湯ヶ島温泉、泉鏡花の辰口《たつのくち》温泉、宮沢賢治の大沢温泉など、たくさん挙げられます。

川端康成の『伊豆の踊子・温泉宿 他四篇』（岩波文庫）のあとがきに「大正十三年に大学を出てからの三、四年は、湯本館での滞在が、半年あるいは一年以上に長びいた」とあります。

これだけ長くいたのは持病の湯治《とうじ》を兼ねていたからですが、同時に作品を創作する「直感力」も磨かれていたのでしょう。温泉につかっていると、気分がよくなって難しいことは考えられなくなりますからね！

温泉まで行かなくとも、お風呂に入っている時は、ほっとゆるんで、ひらめくこともありますよね。お家時間が長くなったりする時は、**家の中に温泉のように**

リラックスできる環境をつくるといいでしょう。

そして、最後のおすすめは神社参拝です。

神社参拝は、参道を歩く時は「歩き瞑想」、拝殿《はいでん》前で祈る時は「合掌瞑想」をしているようなものです。森や川など自然体験もできるので、神社に行くと「気持ちいい」「リラックスする」という人は多いでしょう。

古代から現代まで、日本では歴史上の人物や政治家、経営者の多くが神社参拝を大事にしてきました。

リラックスは、ただぼんやりして終わりではありません。**ぼんやりした状態から、集中して何かしようと動き出す時に、直感が働きます。**

脳には緩急《かんきゅう》が大事。直感は緩急から生まれます。

人生の転機に「呼ばれる場所」がある!?

この章の最後に、人生の大切な時に直感が働くと、呼ばれる場所があることをご紹介しましょう。

そこはいったいどこだと思いますか？　先ほど少しお話ししましたが、それは「神社」です。何かに導かれるように神社に行くことを**「神社に呼ばれる」「神様に呼ばれた」**といいます。

ご存じの方も多いかと思いますが、大企業の創業者も神社を大切にしています。

三菱グループ創設者の岩崎弥太郎、パナソニック創業者で経営の神様と言われた松下幸之助、西武鉄道やプリンスホテル、西武百貨店など西武グループの創始者で政治家としても衆議院議長までつとめた堤康次郎、ガソリンスタンドで一般にはおなじみ出光興産の創業者で、小説・映画『海賊とよばれた男』のモデル出光佐三など。

たとえば、岩崎弥太郎は、東京の御茶ノ水近くにある神田明神《かんだみょうじん》と、偶然のご縁を結んでいます。ある土佐藩士の従者《じゅうしゃ》として江戸へ遊学した際、先々代藩主未亡人の病気平癒《へいゆ》を祈るために、藩主の奥方から頼まれ、その土佐藩士とともに神田明神に代理参拝をしていたのです。

その後、明治7年になって岩崎弥太郎と弟で三菱二代目総帥《そうすい》の岩崎弥之助は、神田明神そばに自身の邸宅と三菱の本社を構え、大きく拡大しました。

その場所は、もともと岩崎兄弟の後ろ盾《だて》で、幕末に土佐藩の実権を握った後藤象二郎が邸宅を構えた場所で、一部を岩崎兄弟に与えたのです。

岩崎兄弟はまさに「神社に呼ばれた」事例です。

神田明神はもともと大手町の心霊スポット「将門塚《まさかどづか》」にありました。平将門の首をお祀《まつ》りするお墓のような場所です。

将門塚に隣接する「丸の内」は、明治23年、陸軍から三菱に払い下げられます。三菱においしい話だったわけではなく、当時の丸の内はさびれた場所で、相場よりもずっと高額で引き取ったのです。皇居そばなので、歓楽街《かんらくがい》になっては困るなどの制約もありました。

しかし、その後の大規模な再開発や東京駅の完成により、日本を代表するオフィス街に成長したのは、ご存じの通りです。

想像たくましいかもしれませんが、神様からの「お役目」を大いに果たせる岩崎兄弟が、神田明神の神様に選ばれたのだと僕は思います。

現役の方だと、日本電産の創業者で現在も代表取締役会長（ＣＥＯ）の永守重信氏。永守氏は京都市左京区の九頭竜《くずりゅう》大社に、初詣だけでなく毎月欠かさず参拝しているといいます。それも２０１１年時点で、43年前から続けているとのこと。

永守氏といえば、日本経済新聞社実施の「平成の名経営者」ランキング第1位、日経ビジネス発表の「社長が選ぶベスト社長」ランキング第1位と、平成を代表する経営者です。

永守氏のように毎月神社に参拝するようになってから業績が向上した社長は僕の知人にもおり、彼は30代で年商5億円を達成しています。

僕自身も、神社への参拝が人生の転機になったひとりです。

これを聞いて、神社に行きたくなりましたか？　**神社に行きたいと思ったら、迷わずに行ってください。**

「神社に呼ばれる」なんて話を知ると、つい「私は呼ばれているの？」と参拝を迷う人もいますが、それはナンセンス。神様（？）の顔色をうかがう必要がどこにあるのでしょうか？　行きたくなったら、ぜひご参拝しましょう。

その「神社に行きたい」という気持ちも、「直感」が働いている証拠です。

2章

誰にも「ピンとくる」瞬間がある

——その時、あなたの中で何が起こっている?

有名作家に力を貸す「地下の住人」とは？

ここまでは、「直感」とはどういったものか、みなさんにも知っていただきたく、有名人の例や僕が実際に経験してきたことをお話ししてきました。

この章では、直感を「意識的に」働かせる方法をお伝えしましょう。

それは「女神」――「葉巻をくゆらせた、見てくれも愛想も悪いおじさん」に会うことです！

なんだか怪しいことを言っているようですね。でも、この愛想の悪い葉巻おじさん女神、僕が言っていることではありません。アメリカの有名なホラー小説作家スティーヴン・キング氏が、自著『書くことについて』（小学館文庫）で語っていたことです。

キング氏によると、「愛想の悪い葉巻おじさん女神」には、インスピレーション（直感）があり、作家の人生を変える魔法のバッグを持っているとのこと。でも決して書斎へ舞い込み、コンピュータなど書く道具に魔法の粉を振りかけてくれるわけではありません。なぜなら、おじさん女神は**地の神であり、地下室の住人**だから。彼に会うためには、作家のほうから地階に降りていくしかないというのです。

と言われても、ますます「?」と思う方がほとんどでしょう。

これをよりかみ砕《くだ》いて説明している人がいます。作家の村上春樹氏です。「根底に何かを作りたいと思えば、下まで降りていかないといけない。僕のやりたいことは正気を保ったまま下（地下2階）に降りていくことなんです」

「穴を掘る」「地下2階」「井戸の底におりる」は、村上春樹氏が小説を書くということについて使う比喩《ひゆ》です。

村上春樹氏は人間を一軒家にたとえて、1階はみんなが団欒《だんらん》する場、2階はプライベートな個室、地下1階は自分の中のトラウマや自我・主張などを表わす部屋、そして、ふつうではなかなか入れない「地下2階」があるといいます。

「普通はなかなか入れないし、入らないで終わってしまう人もいる。ただ何かの拍子にフッ中にと入ってしまうと、そこには暗がりがある」

「暗闇の中をめぐって、普通の家の中では見られないものを人は体験するんです。それは自分の過去と結びついていたりする、それは自分の魂の中に入っていくことだから。でも、そこからまた帰ってくるわけですね。あっちに行っちゃったままだと現実に復帰できないです」(村上春樹『夢を見るために毎朝僕は目覚めるのです　村上春樹インタビュー集1997-2011』文春文庫)

村上春樹氏にとって作家とは、地下2階に降り、そこから帰ってきて、そこで見たものを表現することなのです。

キング氏の場合は、その地下2階に「葉巻おじさん女神」がいて、彼がインスピレーションを与え、作品に魔法をかけてくれるのでしょう。

何もこの地下室、特別な才能を与えられた人だけしか降りられないわけではありません。多少、特殊ではありますが、**やり方さえわかれば、誰でも地下2階に降りていける**のです。

誰でも降りられる！「意識の地下2階」

何か作業をしていると、つい「テレビを見たくなったり」「部屋を片付けたくなったり」「ネットの動画やＳＮＳを見たり」したくなりますよね。

これから解説する**「地下室に降りるイメージワーク」**を実践すると、そういった気の散りやすいメンタルから脱し、集中力が高まります。

次の手順で行なってみてください。

①椅子《いす》に座るか、あぐらを組むかします。

②目をつむり、重心を低く、意識を下に下に降ろしていきましょう。

意識を下に降ろすとは、まず、へその下を意識します。次に生殖器《せいしょくき》付近を意識します。さらに下となると、もう「地面の下」になりますが、どんどん下へ下へと意識を降ろします。それはちょうど自分のお尻の先から、重りがついた鎖《くさり》を地面の下へ勢いよく降ろしているイメージです。

③「地の底」まで、重りのついた鎖を、地面の下へ降ろしてください。

地の底につくと、温度や感覚が変わります。その変わる感覚に気づいてください。

④重りを「地の底」にしっかり結びつけます。

海底に錨《いかり》を下ろすイメージや、地の底にフックをかけるイメージでもよいです。

⑤胸の中心に小人(こびと)の自分をイメージします。

小人はお尻の先から伸びる鎖を伝って、「底」に降ります。降りる前に、小人が頭から水をかぶることをイメージしてください。いわゆる「みそぎ」です。降りて「地の底」についたら、今度は小人が座禅をするところをイメージしましょう。

⑥10秒ほど座禅するのをイメージしたら、小人の自分を元に戻しましょう。

鎖を伝って急速に上昇し、小人を自分の胸の中心に戻します。上昇する時、また「みそぎ」をします。滝に打たれながら上昇するかのように、水の流れをイメージしてください。

⑦胸の中心に小人が戻ったら、もう目を開けて構いません。

どうでしたか？

何か「見えた・聞こえた・感じた」でしょうか？

◆「今この瞬間の自分」から離れる

「何だこの体験!?」と不思議に感じた方がいるかもしれません。あるいは、ちょっとした疲労感を感じているかもしれませんね。

村上春樹氏が地下2階について、「ただ何かの拍子にフッと中に入ってしまうと、そこには暗がりがある」と語っていますが、まさに「暗がりに感じる」ことが多いでしょう。

イメージの世界では、地面の下は、「過去の記憶」と結びついています。**自分の肉体に意識がある時、自分とは「今この瞬間の自分」のこと**です。**地面の下の底に意識が降りるほど、自分とは「過去の自分」**になります。

「地の底」の暗がりに降りて、しばらく滞在して、そして帰ってくる。たったこれだけのことをするだけで、雑念《ざつねん》が払われ、メンタルが安定するのです。

集中力が高まり、直感も「余計な考えにジャマされず」働きやすくなります。

何か想像的で創造的な作業をする際や、何かを決断する際は、一度、地下に降りるイメージワークをしてからやってみてください。


ここで、ひとつ注意を。

「地の底」には、ずっと居続けないこと。

先ほども申し上げましたが、10秒くらいで戻ってきてください。あまり「地の底」に長居すると、村上春樹氏が言うように、「現実に復帰できない」状態になってしまいます。


「地下室に降りるイメージワーク」を実行すると、ただ「地の底」に行って戻ってくるだけで、**「メンタルブロック」と呼ばれる過去のしこりが払われます。**

やればやるほど、ジャマがなくなり、「地の底」から「自分の心の声」が聞こえやすくなるでしょう。

また、このイメージワークを実行すると、「過去の自分」に意識の中心がしばらく移ります。すると気が散らなくなります。

テレビやＹｏｕＴｕｂｅ動画を見るなどして気を散らしたくなるのは、「今この瞬間の自分」です。だったらこの落ち着かない「今この瞬間の自分」をなくしてしまえばよいのです。

その工夫が「過去の自分」になること。

「地の底」に行くと、「過去の自分」になります。

ただ、改めていいますが、やり過ぎないでください。これはあくまで、「集中力が強化される」トレーニングです。地の底には10秒以上は長居せず、そして1日1回までにしておくことをおすすめします。

「見えない力」は、いつでもどこでも働いてくれます

「これから、どうしたいですか？」

「これから、何をやりたいですか？」

こういう未来に向かう前向きな質問をされて、「うっ！」と、ちょっと心が重く苦しく感じるようなら、先ほどご紹介した「地下室に降りるイメージワーク」だけをするようにしましょう。

「地下室に降りるイメージワーク」は、集中力強化のトレーニングであり、メンタルも安定します。いわば、直感＝腹の奥底にある「自分からのメッセージ」を聞くための基礎体力づくりです。

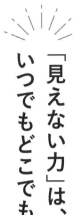

今度は、直感を自在に操《あやつ》る方法をご紹介します。

未来への前向きな質問で、心が重くなる方も、メンタルが強くなったら、ぜひ試してみましょう。


実は「地の底」に行くだけでは、何も変わりません。

「地の底」「意識の暗がり」を探索することで、過去の自分を知ります。今まで閉じ込めていた感情が吹き出し、喜怒哀楽を感じます。その時、**自分自身の隠された本音が見えてくる**のです。

これらは未来に向かって前向きに行動するための、心の障害物を取っているようなものだから、ちょっとつらくもなる。その上で、具体的に行動するヒントを手に入れましょう。


次に、直感を得る手順を、①から⑥の流れで説明します。

①まず「地の底」に降りて戻ります。

これは先ほどの「地下室に降りるイメージワーク」です。小人の自分をイメージし、「みそぎ」をしてから地の底に降ろし、また「みそぎ」をして、自分の胸の中心に戻してください。「みそぎ」は、小人の自分が、桶《おけ》に汲《く》んだ水を頭から勢いよく浴びせる姿をイメージしてください。

②小人の自分を「光の球体」で包むイメージをしてください。

③光の球体に包まれた「小人の自分」を、上へ上へと垂直に上昇させます。

空に向かい、雲を越え、成層圏《せいそうけん》を越え、宇宙の上へ上へ、果てへ果てへと飛んでください。あくまでイメージの世界ですが、白く光り輝く「天」にまで上昇するのです。

④「天」についたら、質問してください。問いを立て、その答えを得ましょう。

質問は、漠然としたものでも構いません。たとえば「今の私に必要なメッセージをください」など。

⑤また「みそぎ」をしてから、小人の自分は「天」から「地の底」まで一気に降ります。

⑥地の底から、小人を自分の胸の中の中心に戻してください。

ポイントは、一度、地の底に降りてから、天に上昇していること。**「天」にいる自分は、「未来の自分」**です。

しかし、本プロセスを忠実に実行すると、**手順④の自分は「過去と未来を合わせた自分」**です。一度、「地の底」に降りて「過去の自分」になってから「天」にいるので、「過去の自分」と「未来の自分」がつながり、ひとつになっている状態です。

手順①を飛ばして、いきなり②〜④を実行することもできるのですが、そうすると、問いを立てて得られる答えは、「地に足のつかない」「現実味のない」ものになります。

たとえば、「5年後にどこを目指したら、楽しく幸せな人生を送れるか？」と問いを立てたとしましょう。

そこで得られる答えやイメージが、「高級車を乗り回して、海外の観光地でバカンスを楽しむ」みたいなものが出てきます。もちろん、そうなったら、きっと楽しく幸せです。

でもそれは、誰でもそうなれば楽しいだろうという、ごく一般的な願望です。この一般的な願望は、誰にでも当てはまりますが、誰にも当てはまりません。**目指すものではなく、結果として手に入るもの**です。

あなたや私の過去と結びつかない「絵に描いた餅《もち》」「実現しない妄想」です。そんな妄想の声ではなく、あなたや私「だからこそ」の、5年後を目指す自分からのメッセージを受け取りましょう。

✦何を願うのがいちばんいいか

お笑い芸人の有吉弘行氏は、お笑いコンビ・猿岩石《さるがんせき》として大ブームを起こした後、仕事が激減し、7～8年不遇の時期を過ごしました。そこから再ブレイクし、2011年からはお笑い界のトップとして君臨《くんりん》し続けています。

そんな有吉氏が再ブレイクしたきっかけのひとつと言われているのが、箱根の九頭龍神社への参拝です。

1章でご紹介した日本電産の永守氏は京都の九頭竜大社でしたが、有吉氏は箱根の芦ノ湖ほとりにある九頭龍神社です。再ブレイクに何らかの関係があると感じたのか、有吉氏はその後も後輩を連れて参拝することがあるそうです。

ここで重要なのは、有吉氏「だからこそ」の夢が叶っていること。**努力を積み**

重ね、今後も積み重ねるつもりの夢を願い、叶えています。

素人《しろうと》が突然大きな夢を願ったとして、本気で努力するつもりもないなら、それは妄想ですし、宝くじの高額当せんを願うのも妄想です。

神社は運気を上げると言われますが、誰にも応援されない「あわよくば」な願いは無視されます。妄想から発信されたメッセージは、結局、現実逃避なので具体的な行動に結びつきません。

妄想をイメージする「だけで」、あるいは他人に「私はお金持ちになる」「年収1億円になる」と自慢する「だけで」満足してしまいます。**腹落ちしたメッセージなら、すぐ行動するし、「ぜったい実現する」と静かに自然に決意する**でしょう。

妄想からのメッセージは妄想するだけで「おいしい」から満足してしまう。しかし、腹落ちしたメッセージは、実現するまでの道のりこそ「おいしい」ことを知っています。

ぜひ①～⑥の手順を実行してみてください。

きっと毎日が楽しくワクワクする時間になるでしょう。そして、最終的に「直感」に導かれてとった自分の行動に、他の人も共鳴するはずです。

「言葉にならない感覚」が共感される時

有名な作家たちが、「地の底」「地下室」に降りるのはなぜでしょうか？

実は「地の底」にあるのは、自分自身の過去だけではありません。**他人ともつながる過去がある。**すでにお亡くなりになった方々の古い記憶まで含まれるのです。

もし、この「地の底＝地下室には、自分自身の過去だけでなく、他人の過去もある」ことが成立するなら、作家たちが、

「なぜ、地下室に降りることで、多くの人にひびく物語をつくれるのか？」

「多くの人がひびくのにもかかわらず、決してわかりやすい物語ではないのか」

といった理由が説明できます。

地の底にあるのは、**言葉にならない「感覚」**です。感覚なので、言葉で明確に説明できず、わかりにくい。でも「腹落ち」する。この腹落ちした感覚を他の人と共有すると、共鳴現象が起こります。

腹の奥底には「深い知恵」があり、腹の奥底にある自分からのメッセージが「直感」だと申し上げました。

直感は、きわめて個人的で不思議な感覚です。言葉にするのが難しく、本来なら、他人が理解も共感もできるものではありません。

しかし、「腹落ちした感覚」から発せられた作品やメッセージは、人を惹《ひ》きつけます。頭ではついていけないのに、この体全体が反応してしまう。これが「共鳴」です。

村上春樹氏が言うところの「**地下2階**」は、**なかなか思い出せない「封じられた過去の自分」であり、「封じられた過去のあなた」**です。

その封じられた過去の記憶が描かれた作品に触れた他者は、何かの感覚が呼び覚まされるのでしょう。

胸がかきむしられる感覚、のどがふさがるような感覚、腹の底が熱くなるような感覚、懐《なつ》かしい感覚、美しいと感じる感覚、ただ涙が流れる感覚……など。

それらの感覚に「私の地の底」「地下室の私」が共鳴しているのです。

✦「天」は未来の自分

さて、ここまで「地の底」の話ばかりしてきましたが、「天」はどうなの？と思われる方もいらっしゃることでしょう。

「地の底」は私の知っている感覚です。なぜなら、「過去」だから。

「天」は私の知らない感覚です。なぜなら、「未来」だから。

「地の底」の感覚は、感情をともなう感覚です。実際の体験や経験にもとづき、感情を深くゆさぶります。作家や芸術家の直感は「地の底」からくるものが中心です。

一方で、**「天」の感覚は、理性的な感覚**です。知らないこと、未体験のことなので、ぼんやりとした知識や理屈にもとづき、「深い」「納得する」など筋の通った感動を呼び起こします。

ちなみに、「天」は政治・経済の偉人たちにはおなじみの概念です。

西郷隆盛の座右の銘は、「敬天愛人《けいてんあいじん》（天を敬い、人を愛す）」

孔子の言葉、「五十にして天命を知る」「天をうらまず、人をとがめず、勉強して人事を知り、天を知る。そして天のみは私を知っている」

京セラ・第二電電（現ＫＤＤＩ）を創業した稲盛和夫氏の言葉、「私心《ししん》を捨てて、世のため人のためによかれと思って行う行為は、誰も妨《さまた》げることができず、逆に天が助けてくれる」（稲盛和夫『人生と経営』致知出版）など。

地の底には古い記憶があり、天には未来の理想がある。

だから、政治や経済において、まだ見ぬ展望を示し、人々を導くのは、「天」からのメッセージが中心になるのでしょう。

神社は「人の記憶」がつまった図書館

腹の奥底にある「自分からのメッセージ」を受け取れそうですか。

それとも、まだ「なんだかな～」と思われているでしょうか。

有名な作家たちの創作の秘密を知ったからといって、それを自分が実践し、同じ結果を出せるかというと、そうはいかないでしょう。もし可能なら、僕も芥川賞の候補くらいにはあがっているはずです……（笑）。

しかし、**あなただからできることを実践し、あなただから出せる結果を出す**。

直感を得ることで、それが可能になります。

「でも、自分にできるかどうか不安だ」

「直感を得る手順をやってはみたけど、本当にこれで合っているのかな」

そう思う方にいいお知らせがあります。**神社に参拝すれば、直感を得ることができます。**

たとえるなら、自転車に補助輪つきで乗るようなもの。神社という環境が手助けをしてくれるのです。

こんなエピソードがあります。
KinKi Kidsのメンバーで俳優・歌手として活躍中の堂本剛氏。堂本氏は奈良県天川村の天河大弁財天社《てんかわだいべんざいてん》を参拝した時に、「天から降りてくるように、僕の中から詩とメロディーが湧《わ》き上がってきた」と実感し、『縁《えに》を結《ゆ》いて』という歌をつくりました。

神社は日本国内に8万社以上あります。これは全国のコンビニの数よりも多い数字です。日本に住む人、日本への旅行者は、活用しない手はありません。

なぜ神社に参拝すると直感を得られるのでしょうか。

実は、直感を得る手順にある**「地の底」と「天」が、神社にあります。**

◆人々のケガレを祓う場所だから――

神社とは古代から続く、人々の祈りを記憶している「社会的な記憶装置」です。それは言ってみれば、図書館のようなもの。ただ本物の図書館と違って、その記憶は見えないし、読むこともできません。

しかし、神社で人は祈ります。願います。その「祈り・願い」が、見えないデータとして神社に記憶され、人々の間で、共有されているのです。

信じられないかもしれませんが、これは根拠にもとづく推測です。

実際、神社に参拝すると、地域愛が高まることが、統計分析で証明されています。この地域愛、実は地域住民のよき人柄を知るほど高まるのですが、そうすると、「神社に参拝すると、地域住民のよき人柄を知る」ことになります。

つまり、**神社に参拝すると、他の参拝者の心の一部を知ることになる**のです。

では、神社にある「心の一部」とは何か？

神社で人々は祈り・願います。もし知るとしたら、この祈り・願い以外にないのではないでしょうか？

神社では、「はしたない欲望」や「恨《うら》みつらみ」を願う人もいるでしょう。そのままでは「よき人柄」ではありません。

しかし、神社は「人々の罪ケガレを祓《はら》う」場所です。神職さんは毎日、罪ケガレを祓う意味を持つ「祝詞《のりと》」という言葉を唱えています。

欲望も恨みも、神職さんが祓ってキレイにしているから、参拝者は他の参拝者のよき人柄「だけ」を知れるのではないでしょうか。

欲望も恨みも、祓ってしまえば、残るのは、「愛」だけです。

心の声がスパッと届く「神社での祈り方」

「神社でどう祈れば、『直感』を得られるのでしょうか」

いろいろ考えなくても大丈夫です。ふつうにご参拝ください。一般に知られるお作法通りにご参拝いただければよいのです。特別なテクニックはいりません。ただ、一般的な作法に込められた「意図」を理解すると、結果が変わってきます。

この「意図」とは、正しい答えではありません（そもそも答えがないです）。あくまでひとつの解釈とご理解ください。以上を踏まえて、祈り方の手順をお示しします。

①2回深くおじぎします。天の神様と、地の神様におじぎしています。

本書の言葉を使うと、「天」と「地の底」におじぎしています。「天」と「地の底」に敬意を表わし、直感を受け取る準備です。

②胸の高さで両手を合わせ、右手を第1関節だけ下にずらし、2回拍手《かしわで》を打ちます。

神社において、拍手を打つことは神様をお呼びすることです。右手を下にずらし、左手を上にするのは、神様の世界の扉を開く「おまじない」。扉を開いてから、拍手を打って神様を呼び出すわけです。

③2回拍手の後、少し間を置いてから、両手の指先を合わせます。

拍手の後、少し間《ま》を置くのは、神様が降りてくるのを待っています。降りてきたら、両手の指先を合わせます。これは神人合一《しんじんごういつ》の状態、つまり神社の神様と、人間の私が一体化します。

「ちょっと待った！『神様が降りてきたら～』って、降りてきたってどうしてわかるの？そもそも降りてくるの!?」

たしかに、その疑問はごもっともです。しかし、驚かれるかもしれませんが神様が降りてきたサインがあります。いちばんわかりやすいのは**「風が吹くこと」**。

僕が福岡の宗像大社《むなかたたいしゃ》を参拝した時、社務所で神社紹介の映像を見ました。その中で、離島にあるお社《やしろ》の神様が、ご神事のために漁船で運ばれ、本土のお社にお移りするシーンがあったのですが、この時、神職さんは神様が本土のお社にお移りしたことを「風」で判断します。

風が吹くことで、「お社に神様がお入りになった」とするのです。降りてきたと正確にわからなくてもいい。ただ、ちょっとだけ「間」を置いてください（信じられない人は、気分の問題としてスルーしても大丈夫です）。

ここまで来たら、前にご紹介した「直感を得る手順」で言うところの③「天」にまで上昇した状態です。ということは、次は「問いを立て、答えを得る」わけですが、神社では次のようにします。

④心の中で祈ります。住所と氏名、そして参拝できたことへの感謝を伝えた後、次の言葉を唱えます。

「はらいたまえ　きよめたまえ　かむながら　まもりたまえ　さきわえたまえ」

神社では定番のお祓いの言葉で、意味は、「罪・ケガレを取り除いてください。神様のお導きで、どうぞお守りください。幸せにしてください」です。

⑤手を合わせたまま、心の中で質問してください。問いを立て、その答えを得ます。

すぐに答えがくれば、それでOK。5秒待って浮かばないようなら、それで終えてください。答えは、すぐに思い浮かばなくとも、ふだんの生活で思いがけないタイミングでやってきます。

たとえば、僕は以前「友達がいない」と質問ともグチともつかないことを人に言ったら、その日、テレビでタレントのタモリさんが「友達なんていなくたって生きていけるんだよね」と言っている動画を見ました。

「『友達１００人できるかな』って何だあれ？　シール集めるみたいなもんだろ？」と。それでいいんだと元気になりました。

⑥両手を下ろし、もう1回、深くおじぎをします。

敬意を表わしつつ、神様の世界の扉を閉める「おまじない」です。

①〜⑥をすべて実行すると、約25秒かかります。質問は3秒以内、長くても5秒以内にまとめます。質問をしない場合（⑤を飛ばす）、約15秒かかります。
⑤の「質問の実行」は、後ろに誰も並んでいない時にやるほうが、落ち着いてやれるのでより効果的ですし、マナーとしても望ましいです。
神社は、ただの建物でも、ただの風景でもありません。古来、日本の価値観や精神をつくり、願いを叶えてきたシステムです。

ぜひ、有効活用してください！

3章

もっと直感を働かせたいなら

——今すぐできる簡単な練習法

理想の未来、人、モノ、お金……「心の余白」に入ってくる

よい意味で変化したい、素敵な未来を創造したいなら「スキマ」が大切だとお話ししました。このスキマとは、「心の余裕」「スケジュールの余白」「ヒマな時間」「部屋の空きスペース」などです。

考え事でいっぱいの頭、悩みでいっぱいの心、疲労でいっぱいの体、予定でいっぱいの時間、モノでいっぱいの部屋……。これでは新しいものが入るスキマがありません。そうしたら、心の声など届くはずもない。

逆に、スキマにこそ、新しい知恵が入ってきます。心の奥底から直感という「深い知恵」が湧き上がり、天から、あなたに必要なメッセージが降りてきます。

スキマあるところに、理想の未来をつくる人・モノ・金・知恵が入ってくる。

これを僕は**「スキマの法則」**と呼んでいます。

今、お金がない？　幸いです。

今、仕事がない？　幸いです。

今、友達がいない？　幸いです。

今、結婚していない？　恋人がいない？　幸いです。

ようするに、今、ヒマなの？　幸いです。

「いや、私はお金も仕事もあるし、結婚もしてますけど……」

すばらしい。そういう人は「あるのは奇跡」と思って行動してみましょう。ようは、あるものに「とらわれない」ということ。ポジティブでもネガティブでもなく、フラットな態度でいること。

日本神道でいえば「ケガレ」の少ない状態です。

ケガレとは気分が下がっている状態だけでなく、上がっている状態もケガレ。たとえば、渋谷のハロウィーンで人々が大騒ぎするのもケガレです。

「起こることに、いちいち反応しない」
「振り回されない」
そうすると、心に余裕ができます。そして意識を遊ばせておくと、直感の入るスキマが生まれます。

スキマをつくる、次のワークを実践してください。

▼手帳にできるだけ「余白」をつくる。
現代人は、手帳がたくさんの「予定」でいっぱいなことを、よしとする人が多いですね。すると、突然の魅力的なお誘いがあっても「あー、その日は……」と断ることに。予定がいっぱいだと、現状維持のチカラが大きく働くのです。

だから予定を極力立てない。これまでOKしていた他人からのお誘い、3回に1回はお断りしましょう。より変化したいなら、2回お断りしてもいい。

「え？　どうしても手帳の空白が気になる？」

そういう人は、「余白時間」と手帳に書き込んでください。

▼「余白」を味わう。

「その余白時間に何をすればいいの？」

何も決めずに、好きにしてください。白紙の時間をゆったり過ごす中で、自分が何を思い、どう感じるのか。どのような行動をとるのか。心の動きや衝動をじっくり観察してみましょう。

スキマがあるからこそ、新しいものが入ってくる。余白時間をつくることで、自分の心との対話も生まれ、あなたの人生に新しい流れができてくるでしょう。

時には、何もジャッジしなくていい

「エポケー」ってご存じですか？　僕が意識や精神と呼ばれる世界を探究するために必要なものと、最初に習った考え方です。

村上春樹氏の言う「地下」は潜在《せんざい》意識のことですが、**潜在意識とは「ふだん意識できない意識」**であり、「海」にたとえられます。

直感を得る手順を実行したり、座禅や瞑想をしたりすると、この「ふだん意識できない意識」である潜在意識にアクセスしやすくなります。

しかし、何の装備もなしに、海に潜っても、浅瀬でチャプチャプする以上のことはできません。深く潜るにはスキューバダイビングのように装備が必要です。

その装備がエポケー。「判断をせずに、しばらくそのままにしておく」という意味です。

これは、哲学など真理を探究する世界では、おなじみの手法です。フッサールという哲学者が提唱したのですが、彼の言うエポケーとは、「カッコに入れる」ことを意味します。

ようするに、この世界、この現実で日々起こる現象を起こるに任せる。起こったことは、純粋な現われとし、そこで現われているものについて何も断言しない。でもその現象を見ない・否定するのではなく、カッコという袋に入れておく。こんなことがあったなぁと記録はしておく。でも決してジャッジはしない。

このように、**現実をただ知るにとどめて、あらゆる判断をせずに、そのままにしておきます**。

何か迷いがあったり、悩んだりして、潜在意識の海に潜り、直感を得ようとする時、エポケーは役立ちます。

「判断せずにそのままにしておく」ためのワークを実践してください。

▼日常の動作を、言葉で確認してみましょう。

たとえば僕は今、パソコンでこの文章を書いていますが、「今、文章を書いている」と言葉で確認するのです。心の中で思うよりも、声に出すと、より記録している感が出てよいでしょう。

なお瞑想・座禅中のことを言葉で確認する時は、ただ心の中で認識するだけで十分です。意識がボーッとしており、声に出して確認するのは、瞑想・座禅を妨げることになります。声に出して確認するのは、日常の動作のように意識がハッキリしている時がよいですね。

実は、潜在意識の海は、幻覚・幻想・幻聴だらけ。神や悪魔、天使、仏、妖精《ようせい》、龍、宇宙人、死んだおばあちゃんのような故人から、亡霊のような存在まで、不思議な存在とのコンタクトは当たり前です。

ホラー作家のスティーヴン・キング氏が地下で出会う地の神「葉巻をくゆらせた、見てくれも愛想も悪いおじさん。でも女神」も、彼の潜在意識の海にいる「何か」です。

こういうのをすべて大事なメッセージととらえて、いちいち反応していたら、頭がおかしくなります。「コンタクトの対象を絞《しぼ》る（＝限定する）」とよいのですが、それは後でご説明しましょう。

誤解のないように、**これら不思議な意識の海中生物たちの正体を明かしておくと、すべて「あなた」です**。正確には、あなたの中の「いち人格」。

地下に潜るほど、ふだんは表に出ていない人格が現われます。キング氏の葉巻おじさん女神も、キング氏の中の「いち人格」と理解すればいいでしょう。

どうせなら「最高の自分」にアドバイスされたい

作家の平野啓一郎氏が著書で「分人《ぶんじん》」という造語を提唱しています。「分人」とは、個人よりもさらに小さな単位で、人生で関わる他人ごとに用意された自分のことです。

職場用の自分、友人用の自分、配偶者用の自分、子ども用の自分、親用の自分など、ぜんぶ「自分」ですが、すべて相手によって態度が変わります。

話し方や、性格、モノの感じ方など、同じ自分なのに、決して同じ態度ではありません。それは**自分の中のどの「分人」で接するかが違うから**というのが、平野啓一郎氏の説です。

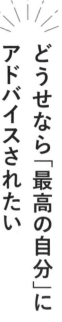

統合心理学（サイコシンセシス）の用語を使うと、分人とは「サブパーソナリティー（副人格）」という意味になります。ですから、自分とは、「分人＝副人格の集合体」とも言えるでしょう。

直感を得るために、「地の底」や「天」に行くのも、「新たな分人探し」であり「適切な分人に出会う旅」です。

では、「『あなたの分人』に会う旅」を始めてみましょう。次のワークを実践してみてください。

▼あなたに最適なアドバイスをする「分人」を設定し、「天」で質問してください。

「天」に上昇して、たとえばキング氏のように「葉巻おじさん女神」を呼び出します。もちろん、知的で美しい女神や、やさしいイケメン男神でもいいです。そこはお好みで。

「葉巻おじさん女神さん、葉巻おじさん女神さん、どうかお出《い》でください」

「今、忙しい！」

「わ、本当に愛想悪いんだ！　あの、仕事やめることになって、これから、どうしたらいいですか？」

「……。くだらん質問する前に、少しは自分で考えてみたらどうだ？　いくつか考えたら、その中でお前がいちばんビビることをやってみろ！」


というように対話してみましょう。意外と楽しいですよ。この女神様、女神というより、厳しく気難しいおじさんですね。

では、今度は知的で美しい女神にお出で願いましょう。


「知的で美しい女神様、女神様、どうかお出でください」

「何の用ですか？」

「上司が……男性なんですが、ひどくて許せません。どうしたらいいでしょうか？」

「上司の弱点を知ることです。彼の人間関係を把握してください。上司にも、この人には逆《さか》らえない、この人に言われると弱いという人がいるはず。その人たちに上司との仲を相談するといいでしょう。

悪口を言うのではなく、あくまで前向きな姿勢で、相談するといいですね。もしその結果、より状況が悪化するようなら、異動や転職など、職場を去ることも視野に入れてくださいね」

冗談のような、お遊びのようなワークですが、結局、全部「自分」です。

自分の中での「理想の人格」にアドバイスをもらうとよいでしょう。

この時、コンタクトの対象を絞るのです。どうせアドバイスをもらうなら、「最高の分人＝最高の自分」がいいですから。

ちなみに僕がよくアドバイスをもらうのはハリー・ポッターシリーズの偉大な魔法使い「ダンブルドア校長」です。

くり返しますが、最強の直感は、最高の自分を通して表現されます。

あなたにとっての「最高の自分」は誰ですか？　今すぐ、その最高の自分に変身しましょう。

こんな「悪魔の誘惑」はスルーせよ！

直感を得る時、潜在意識の海を航海する時、定番の「障害物」があります。それは「悪魔の誘惑」です。

悪魔の誘惑といえば、偉大な聖人たちにご登場願いましょう。

仏教の創始者ブッダは瞑想中にマーラ（悪魔）から3つの誘惑を受けます。キリスト教の創始者イエスは、荒れた野原での40日間の断食中にサタン（悪魔）から3つの誘惑を受けます。「荒野の誘惑」というエピソードです。

誘惑の中身は「あらゆるこの世の権力や富を与える」というようなことです。

彼らはささやきます。

「あなたは王様か女王様のごとく偉大な存在で、何でも思い通りになるよ」「私にひざまずけば」「瞑想を止めれば」などの条件つきで。

しかし、イエスもブッダも誘惑をしりぞけました。ご想像つくと思いますが、人の潜在意識にはサタンやマーラのような、いわゆる悪魔と呼ばれる「分人」もいます。

ちなみに僕も瞑想中に、「あらゆるこの世の富を経験させてあげる」とささやかれたことがありました。

潜在意識の海では定番の試練です。この試練は、イエスやブッダのような偉大な聖人だけでなく、誰にでも起こります。禅では座禅中に体験するこうした「まぼろし」を「魔境《まきょう》」といって、無視するよう指示しています。

ここで、先ほどの「エポケー」が役立ちます。まぼろしを「否定する」のではありません。否定は「これは違う」「これはウソだ」という判断・ジャッジです。

否定したら、そこで潜在意識の航海は終了します。

「否定する」のではなく、「反応しない」。

「あらゆるこの世の権力や富を与える」という声が聞こえたら、聞こえた。ただそれだけ。

「エポケー」によって、判断を保留しながら、怪しくも美しい意識の海をどんどん深く潜っていきましょう。水族館の水槽《すいそう》にいる海中生物を眺めるように、マーラやサタンを、天使や妖精を、神や仏を、さまざまな霊たちを眺めるのです。

対話をしたければ、手順を踏んで「天」に上昇してからにしましょう。**こちらから問いを立て、それに答えてもらう**という感じです。

誘惑は「反応しない」が、ベストの選択。


また、悪魔のささやきをもとに、「どうやったら、あらゆるこの世の富を得られるのですか?」といった問いを立てないでください。

イエスやブッダのように悪魔と問答して言い負かすのは、難易度が高いです。

人はおだてに弱いし、相手は口がうまい。だけど、スルーすれば何も問題ありません。

と言いつつ、次のワークを実践してください。あなたの中にいる「悪魔のエネルギー」に気づくワークです。

▼もしも、あらゆるこの世の富を経験できるなら、あなたは何を望みますか?

この問いは、スルーしないでください。素直に取り組むことで、悪魔のエネルギーがわかります。

決して悪い気分にならないだけに、一回経験しないと、「これがマズイ」ということに気づかない。なので、ここであえて実践してもらいます。

たとえ、聖人たちの受けたものが、悪魔からの誘惑であっても、その経験自体は宝物。有名なお話として後世に残り、人々に生き方のヒントを与えています。

もっとリアルなことでいえば、「あー！　そういえばマーラの誘惑と同じようなことを、実際の人間から受けたぞ！」なんてことも起こりうるわけです。

たとえば、稲盛和夫氏は、携帯電話のａｕでおなじみＫＤＤＩの母体となったＤＤＩ（第二電電）を創業する時、寝る前に自らにこう問い続けました。

「動機善なりや、私心なかりしか」（82ページ）と。

国民のために長距離電話料金を安くしたい自分の動機はきれいごとではないか？　私利私欲ではないのか？

半年間、一日も休まず問い続けた結果、私利私欲ではなく、国民のためという自分の気持ちに嘘偽りはないと確信し、「リスクは大きいが、やってみたい」と決断するのでした。

「絶対的味方」に気づいていますか？

「死ぬのはいいけど、おれに水をやってから死んでくれ」

僕のあるお稽古《けいこ》の先生は、かつて借金を苦に自ら命を絶《た》とうとビルの屋上に上がった時、そこにあった観葉植物からそう話しかけられたそうです。

はじめはびっくりしたし、気のせいかもしれないけど、どうせ死ぬのだし、最後に水をやるかと、その植物に水をやったら、なんだか死ぬ気がなくなったとか。借金も何とかなったようです。

心理セラピストの小池浩氏は、2000万円の借金（そのうち600万円はヤミ金）を背負い、死ぬか自己破産かホームレスかと追い込まれていた時、風呂でシャワーを浴びていると、モヒカン頭のへんな物体が現われ、「口ぐせを変えろ」と言われたとか。

以来、そのへんな物体「宇宙さん」の助言に従い、人生が好転したと著書『借金2000万円を抱えた僕にドSの宇宙さんが教えてくれた超うまくいく口ぐせ』（サンマーク出版）で書かれています。

この2つのエピソード、どちらも興味深い事例です。

お稽古の先生も小池氏も、精神的に追い詰められたことをきっかけに、「直感」が活発に働き出したからです。

いったい何が起こったのでしょうか？

追い詰められた時に出会う自分を、「本来の自分」と言う人もいます。小池浩氏は講演で「宇宙さん」を**「本当の本当の私」**と言っていました。

追い詰められた時に現われるのは「分人ではない私」。「分人」とは、「関わる他人ごとに用意された自分」でしたね。言ってみれば自分とは、他人でできている。

しかし、追い詰められた時に、その他人がはがれ落ちます。「他人用の自分」が消えるのです。

職場用の自分、友人用の自分、配偶者用の自分、子ども用の自分、親用の自分など、これらが消えていく——。

そして、**残るのは「ただの自分」**。他人用ではない私。自分しかいない自分です。

直感を得られる肝《きも》は、この「ただの自分」の発見です。

いわば、「最高の分人＝最高の自分」をも超える「超自分」。この超自分からのメッセージが「直感」になるのです。

他人から解放された「超自分の私」こそ、「本来の自分」「本当の本当の本当の私」と言えるでしょう。

追い詰められた時、絶望した時、人は孤独を感じます。孤独な私は、すべての分人が消えた私。孤独な私は、私という存在の「核」。孤独な私は、永遠にともにいる私。そして**「絶対的な味方」**。

私の味方は私であり、私のパートナーは私である。

そう言うと、「さみしい人」な感じがするかもしれませんが、ここが確信できると、ものすごく力強いです。

ふつう、パートナーは他人です。保護者も親友も、恩師も上司も、政治も行政も、助けてくれる人は、みんな他人。それだけに、多くの人は「自分の人生は他人次第」という意識でいます。私の土台が他人になっている人が多いのです。

ところが、精神的に追い詰められて、気づくのです。

「あー、自分がいるじゃないか。私が私を助ければいいんだ」

このことが腹落ちできると、ぐっとラクになります。そして、追い詰められていたはずの人生が、逆転します。**自分で何とかし出す**からです。

「人生大逆転の○○」——この○○に当てはまるのは、「私が私の味方だ」と腹落ちする以外にないと僕は確信しています。

では、「ただの私」を発見する、次のワークを実践してください。

▼次の言葉を口に出して唱えます。

「私の土台は私自身。私の人生は私次第です」

「私が私を救う。私は私の絶対的な味方です」

ブッダが悟りで発見した「ただの○○」

他人用ではない「ただの自分」を発見すること。
私の土台は私自身であり、私の人生は私次第であると自覚すること。
これは「悟り」と呼ばれる覚醒《かくせい》体験の一種です。

孤独は人を「悟り」に導きます。悟ると、心の声が以前よりもダイレクトに聞こえてきたり、湧き上がってきたりします。なぜなら、「分人」の多くは、その力を阻《はば》む障害だから。
その障害が、消えたり薄くなったりすると、直感は鋭くなります。

余談ですが、ブッダが説いた原始の仏教において、ブッダは「異性とは目も合わせないニートになれ」と指導しました。

これは、仏教研究者である魚川祐司氏の著書『仏教思想のゼロポイント：「悟り」とは何か』（新潮社）からの引用です。

ようするに、性的な行為、そして対価を得て労働することを否定したのです。

ブッダはなぜそんな「極論」を説いたのでしょうか？　それが「悟り」の道だからですが、ではブッダの言う悟りとは何なのでしょう？

「異性とは目も合わせないニート」の行き着く先は**絶対的な孤独**です。なにせ、家庭と職場という人生の2大居場所をなくしますからね。

職場用の自分と、家族者用の自分が消滅です。物欲と性欲の否定ですから、禁欲に注目が集まりがちですが、禁欲そのものには何の意味もありません。

そうではなく、**禁欲が招く孤独と、分人の消滅がポイント**。他人用ではない

「ただの自分」と出会うことが、ブッダの目指した悟りの、少なくとも一部であろうと僕は考えています。

次の「見えない力を阻むもの」を見つけるワークを実践してください。気軽にできることなので、ご安心を（笑）。

▼あなたは誰といる時の自分が最も「嫌い」ですか？　その人を、あなたの意識から消してください。

いちばん嫌いな分人＝いちばん嫌いな自分は、心の声を阻むいちばんの障害です。このいちばんの障害を「消す」には、まず、嫌いな自分が現われる相手をイメージします。

その人を思い浮かべる時、身体にどんな反応が起こりますか？　とどこおり、詰まり、イガイガ、違和感など、ネガティブな反応がある身体の箇所があったら、そこに手を当ててください。

ただ、そっとじっと当てるだけでいいです。あー、こういう自分がいるのかと「認識」してください。

そうして、ただ認識するだけで、いつの間にかネガティブな身体の反応が消え、同時に嫌いな自分も消えるでしょう。

「言葉の呪い」は心をしばる。だから……

物欲と性欲を否定し、ブッダのごとく「悟り」をひらく。
これだけハードルを上げたら、本書を閉じられてしまいそうですね。
ここで、もうちょっと身近なことを書きます。

「呪《のろ》いを解いてみませんか？」
あなたにかかった、その呪いを解くのです。少し、驚かれたかもしれませんが、
実は、呪いは日常にあふれているし、ありふれています。

たとえば、

「あんたは取り柄《え》がない」

「あなたは育ちが悪いねぇ」

「誰のおかげで○○していると思ってる！」

「あなたには無理」

「これは、あなたのためを思って言っている」

「あなたから、悪い波動を感じる」

……などなど。


呪いとは、人の精神をしばる行為です。

だから「あなたに悪い霊がついている！」も、「そのままにしていたら、あなた死ぬわよ！」も呪い。その呪いにかかると、新たな分人が誕生します。呪いをかけてきた相手用の自分であり、直感を妨げる新たな障害物の誕生です。


呪いを解く方法は、いたってカンタンです。

「あんたは取り柄がない」↓「取り柄がないのはおまえだ」
「あなたは育ちが悪いねぇ」↓「育ちが悪いのはあなただ」
「これは、あなたのためを思って言っている」↓「なるほど、あなたはあなたのためを思って言っているのね」
「あなたに悪い霊がついている！」↓「悪い霊はおまえだろ（笑）」

自分に向けられた呪いの矢印を、ぜんぶ呪ってきた相手に向け返す。これが呪い返しの基本です。「相手↓自分」を、「相手↑自分」にする。

「お前は、おれがいないと生きていけない！」なんて誰かに言われたら、「おれは、お前がいないと生きていけない！」って言われたと受け取る。

依存しているのは、私じゃなくて、「おれ」さんでしょ？　という具合に。

自分に向けられた呪いの矢印は、「すぐさま」ひっくり返す。これが秘技!「呪い返し」の術です。

こうやって呪いを返すことで、「他人用の自分」をつくらない。心の声を妨げる新たな障害物の誕生を防ぐのです。

親から子への呪い、世間からの呪い、上司や先生からの呪いなど、世界は呪いにあふれています。

一つひとつ呪い返しをして、自分を取り戻し、直感も取り戻しましょう。

次のワークを実践してください。

▼誰かに呪われたと感じたら「それ、あなたでしょ!」と、すぐさま心の中で返してください。

メンタルをきたえる「大胸筋の瞑想法」

「私といれば、道は踏み外さないでいられる」

僕は、ある人に以前そんなお告げのようなことを言われました。

もちろん僕は、「なるほど、この人は、僕といると道を踏み外さないんだ」と、すぐさま呪い返ししました。心の中で、ですけど。

こうやって他人を依存させようとする、自分の頭で考えさせないようにする人は、たくさんいます。そして、こういった呪いにかかる人も少なからずいる。

メンタルが豆腐《とうふ》のように弱く、くずれやすいと、呪いにかかって、他人に精神をしばられやすいのです。

豆腐メンタルだと、自分からのメッセージが直感を通して知らされていても、なかなか受け取れません。「でも～」「だって～」「そんなわけないっ！」と、心の声を曲げてしまう。

それは、**呪いから生まれた分人たちに精神をしばられている**からです。

そんな豆腐メンタルの人に、メンタル強化のよい方法をお伝えします。

もう「カッチカッチ」になって、呪い返しの術を使うまでもなく、パーンと跳ね返せるくらい、強いメンタルになるでしょう。

メンタル強化の方法とは、「大胸筋《だいきょうきん》を刺激する」こと。

ドキドキしたり、ワクワクしたり、不安になったり、メンタルは胸のあたりが反応しますよね。その胸をきたえます。

では、次の「大胸筋をきたえる瞑想法」を実践してみましょう。

▼以下の手順で「大胸筋をきたえる瞑想法」を行ないます。

①椅子に座るか、あぐらをかいてください。
②肩の力を抜きましょう。鼻で呼吸します。
③背筋を伸ばし、目線はまっすぐ正面に向けます。
④胸の前で両手を合わせて合掌します。
⑤合掌した左右の手で押し合います。押し合ったまま脇を開いて、ひじが手首と水平になるようにします。背筋は伸ばしたままです。
⑥⑤の姿勢を5分から10分続けます。

この瞑想を続けると、身体の中心縦方向に1本の線が入ったようになります。身体の中心軸が整うのです。中心軸が整うと、直感も出入りしやすくなります。身体の縦線=中心軸は、直感というデータが行き来する道路のようなものです。

また左右の手で押し合うと、当然、大胸筋に力が入り固くなります。その固さが呪いを防御する力になります。

「大胸筋をきたえる瞑想法」は1週間に3回、できるなら毎日ぜひ実践してください。これで豆腐メンタルとは一生おさらば！

心の声を素直に受けとめられるメンタルになりますよ。

いらない情報に惑わされないコツ

突然ですが審神者《さにわ》ってご存じですか?

古代の日本神道における役割で、神あるいは「何か」が憑依《ひょうい》した巫女《みこ》の言葉を、理解して人間にわかりやすく説明する役です。

巫女に降りてきた「何か」の性質を見極め、それがよろしくないものと判断したら、その「何か」を追い返すこともします。巫女は女性ですが、審神者は男性の役割で、いわば神がかりした女性の通訳です。

現代日本において、審神者といえば、社会現象になった大人気コンテンツ「刀《とう》剣乱舞《けんらんぶ》」で言うところの刀剣男士たちの主《あるじ》です。

らなみに、日本を代表する審神者は武内宿禰《たけうちのすくね》です。

３００年以上も生き（と言われています）、天皇の側近として活躍した元祖「大臣《だいじん》」です。80年前の日本では誰もが知る人で、なにせ、お顔が紙幣の肖像画でした。武内宿禰の肖像画は５種類の紙幣に登場していたのです。

余談はこのぐらいにして、降霊というオカルトど真ん中の儀式において、**審神者は非常にロジカルな存在**です。巫女に憑依した「何か」と問答し、矛盾や疑問を感じたら退《しりぞ》ける。その「何か」が何者なのか、善《よ》きモノか悪しきモノか、冷静にロジカルに判断しなければなりません。

そして、「何か」の言葉を理解し、わかりやすく解説もする。審神者にはロジカルシンキングが必要不可欠と言えるでしょう。

「巫女のインスピレーションの影に、審神者のロジカルシンキングあり」です。

ロジカルシンキングとは「矛盾のない考え」です。

注意深く慎重で、すぐには理解できない複雑なことも、一つひとつ分解し整理します。正しいか間違っているか判断し、結論を出すのです。

エポケーの逆で、判断しまくります！

直感で目指す場所を決め、目指す場所に行く方法は、ロジカルにつくり出す。

もし直感ではなく、ただの反射反応的な思考で目指す場所を決めたら、ロジカルシンキングで「間違い」「矛盾」が見つかります。そもそも「ここに行く」と決められない。

その心の声が本物かどうか、審神者のようにロジカルに判断しましょう。

この時、ひとつ注意点があります。巫女と審神者は1人で兼ねてください。自分の心の声を、自分のロジックで検証します。

もし**ペアで行なう場合は、議論しないこと**です。議論したら、ロジックから直感への一方的な攻撃になるだけ。

武内宿禰の場合、巫女は神功皇后《じんぐうこうごう》という時の最高権力者で、力関係は巫女のほうが絶対的に上でした。巫女の直感をロジカルに論破するのではなく、巫女からロジカルに「引き出し」「内容の整理・確認」をします。

ロジカルシンキングはポジティブに使いましょう！

ロジカルシンキングのトレーニングに、次のワークを実践してください。

▼結論から言うクセをつける。「で、何なの？」と自分に問うてください。

▼言い訳をしない。話が長い人の多くは、言い訳9割です。

▼出来事を説明する時は5W1Hを明確にする。誰が、いつ、どこで、何をどのようにしましたか？　なぜ、そうしたのでしょうか？

「いい気分」が周りに広がっていく理由とは？

「いい気分でいることほど大事なことはない」

引き寄せの法則ブームの火付け役となった奥平亜美衣さんの定番の教えです。

「いい気分でいるだけで願望が実現するわけない」と批判する人もいますが、「身体」の視点で見ると、僕は大変すばらしい指摘だと思います。

人は脳よりも心臓から強い電磁波が出ています。

精神生理学者でフロリダ・アトランティック大学教授のローリン・マクレイティー博士によると、人から出ている電磁波は当人だけでなく、他の人にも影響を与えるといいます。

そして、

「心電図が安定している人の電磁波は、周辺の人の脳波を安定させる」

「心電図が不安定な人は、他の人の脳波に影響を与えることができない」

というのです。

「いい気分は伝染する」ということですね。

数学者マルシャル・ロサダは、業績のいいチームと悪いチームを10年にわたって研究し、ビジネスチームが成功するには「メンバー間のポジティブな相互作用とネガティブな相互作用の比率」が、最低でも2・9013対1でなければならないと発見しました。**「3：1の法則」**と言われるものです。

ようするに、ビジネスチームが成功するには、ネガティブなコミュニケーションの約3倍の量のポジティブなコミュニケーションが必要ということ。

3倍（正確には2・9013倍）未満だと、チームのパフォーマンスが落ち込みます。理想は「６：１」だとか。ポジティブ６：ネガティブ１です。

実は、ビジネスチームだけでなく、夫婦のコミュニケーションにおいても同様だといいます。心理学のジョン・ゴットマン教授によると、夫婦関係の良好なカップルでは、**ほめ言葉が批判的な言葉の約5倍かわされます**。

ポジティブ５：ネガティブ１です。この割合を下回ると、夫婦関係の不満が強くなります。つまり、こういうことです。

「いい気分で『いい合う』ことほど大事なことはない」

ポジティブな感情は心拍のリズムを非常に規則正しくします。すると脳波もシンクロし、α《アルファ》波のリズムが規則正しくなる。さらに血圧など身体の細胞もシンクロします。

ようするに、ポジティブな感情を持つと身口意《しんくい》のリズムが一致し、直感を発揮しやすくなります。リズムの指揮者は「心臓」です。

身口意の一致とは「やること・言うこと・思うこと」が一致していること。直感が大いに発揮されている状態です。

先のローリン・マクレイティー博士によると、心身のリズムが一致すると、免疫力や認識力の向上、思考がクリアになる、感情が安定する、幸福度が向上するなど、さまざまな恩恵があるといいます。

まさに「いい気分でいることほど大事なことはない」のです。

さらに近くにいる人とお互いにポジティブな感情を持てば、心臓のリズムがシンクロします。手をつないでいない時よりも、つないでいる時のほうがシンクロしますし、寝ている時は近くの人と心臓のリズムがシンクロする。人間相手だけでなく、ペットと飼い主の心臓のリズムもシンクロします。

お互いに好意を持つ時、心臓を通じて、他人と見えないつながりが生まれ、心身によい影響を与え合うのです。

ビジネスチームでも夫婦関係でもポジティブなコミュニケーションが重要なのは、このようにお互いの心臓のリズムがシンクロするからだったのです。

いい気分でいることのポイントは、呼吸のリズムを安定させること。

呼吸の回数を数えると、呼吸のリズムの安定につながります。

では、次のワークを実践してください。

▼2分間の呼吸回数を教えてください。

呼吸のリズムが安定すると、心臓のリズムが安定する。心臓のリズムが安定すると、脳波のリズムが安定し、さらに身体の細胞全体のリズムが安定する。

呼吸はあなたの意思だけでできる。いい気分でいることも、あなたの意思だけでできるのです。

「自分を認める」ことがいちばんの近道

「今、好きな人はいますか？」

お互いに好意を持つ時、心臓を通じて、他人と見えないつながりが生まれ、心身によい影響を与え合います。

だから、好きな人が増えたら増えるほど、よい状態になる。人数が増えなくても、好きの量が増えたら増えるほど、よい状態になる。

孤独は人を悟りに導き、直感が開花します。その直感で得た感覚は、「好き」という感情を通して、他人と共有します。

感覚の共有は、言葉で行なうのではありません。お互いの「好き」が架《か》け橋となり、お互いの心臓をつないで共有します。

こういう好きだの何だの、特に日本人の男性だと気恥ずかしくて表現しにくいですよね。だから、女性のほうが男性よりも幸せになる才能がある。

でも、本書を読めば、言葉で表現する以外の方法もあることがわかっていただけるのではないでしょうか。

そう、心拍のリズムが大事なのです。

そして同時に、好きな人、大切と思える人がいることは、脳にも心にも健康にもよい影響を及ぼすこと、ご理解いただけたのではないでしょうか。

心臓の鼓動を通じて、私たちはつながり合っている。だから、人は存在しているだけで社会的な価値を持ちます。

存在価値とは「呼吸し、心臓が動いていること」。

それだけで、人は、あなたは、社会的に価値がある存在なのです。だから笑っていてください。ムスッとしていると、価値が落ちます。


「寝ている時がいちばん魅力的」と言われたことがありました。

寝ている時は近くの人と心臓のリズムがシンクロします。寝息を聞いていると、それだけで安心すること、ご経験ある方も多いのではないでしょうか。

そうです、寝ているだけでも人は価値があるのです。

直感の発揮は、自分で自分の存在価値を認めていることが「大前提」です。

なぜなら、直感という「見えない力」は自分にしかわからないから。「ここに行く！」「やれる！」と確信できるのは、結局のところ本人だけです。

だから、**自分の価値を信じること**。これがなければ、直感の価値を認めることもできないのです。


そうして、自分の価値を、存在しているだけで意味があることを確信できたら、他人のこともどんどん好きになるでしょう。

そして、その人の心臓とシンクロする。好きな人の心臓とシンクロすればするほど、直感の精度は増します。

なぜなら、直感力は、私だけのものではないから。私と心臓でつながる人たちのネットワーク全体に通じる力だからです。

好きが広がるほど、好きの量が増えるほど、直感力はどんどん高まるでしょう。


次のワークを実践してください。

▼好きな人、大事な人たちの幸せを祈りましょう。

4章

願いと現実がつながる「9つの魔法」

——人に好かれる！　いい気分が続く！

「長・高距離移動」で、心の声をバシバシ受け取る

この章では、直感と現実が結びつきやすくなるコツをご紹介します。自分からのメッセージは、現実化しなければ、ただの妄想です。妄想のまま終わらない、現実につながる「直感力」を生み出す方法をお伝えします。

最初のコツは「長距離移動」「高距離移動」です。

ただ旅に行けばいいというものではありません。直感とつながる旅には、条件があるのです。

それは、**「旅の移動は100キロ以上、標高は1000メートル以上」**です。

僕が最初に旅のメリットを感じたのは、神奈川県の湯河原《ゆがわら》のとある温泉宿でした。

当時、僕はストーカーまがいの女性のことで悩んでおり、日中はその人のことでモヤモヤした思考やイヤ～な気分を抱えていました。それが湯河原の温泉宿にいると、いつも感じていたはずの、悩みやストレスが消えてしまった。その女性のことやモヤモヤを「忘れていた」のです。

温泉宿だからといって、宴会やカラオケなどで大騒ぎしたりはしていません。酒も飲まず、静かに過ごしていたのです。強い刺激を自分に与えて、気をまぎらわせていたわけではないのです。

さらに熱海にいた時も、同じことが起こりました。

樹齢2000年の大楠《おおくす》で有名な熱海の來宮《きのみや》神社に参拝し、舩井幸雄記念館を訪問した時に、やはり同じことが起こっていたのです。

熱海も湯河原も有名な温泉街ですが、都心から相当の距離があります。東京から湯河原までの距離100キロ少々。熱海、伊豆、箱根、湯河原と有名な温泉・保養地は、東京からそれくらい離れています。

群馬も有名な温泉がたくさんありますが、東京から高崎まで距離100キロ少々、草津温泉まで160キロほどです。京阪神からは日本海側に出て、兵庫の城崎《きのさき》温泉、湯村温泉、鳥取の三朝《みささ》温泉など。

ふだんの生活圏から100キロ以上も離れると、あることが起きます。**ふだん関わる人たちの想念が届かなくなる**のです。

それで、いつも感じていた悩みやストレスが消えてしまった。まして外国や離島のように海をへだてると、もっと届かないです。

同様に、高いところに上ると、やはり想念が届かなくなる。この距離は高さなので、地上の想念です。

僕の経験では、群馬県高崎市の榛名《はるな》神社、埼玉県秩父市の三峯《みつみね》神社、箱根の駒ケ岳山頂にある箱根元宮《もとつみや》など、標高800メートルを超えると、かなり思考がクリアになります。キリよく1000メートル以上とさせてください。

ふだん関わる人の想念が届きにくいと、「他人用の自分」が消え、悩みや迷いなど余計な思考のない「ただの私」になり、直感力が高まるのです。

また、標高が高いと地盤《じばん》も固いので、下半身が安定し、感覚も鋭くなります。バカと煙は高い所が好きといいますが、よい意味で雑念のないバカになれます。

旅はより遠く、より高くです。ただ、観光地化が進んで騒がしい場所は、旅人たちの想念でいっぱいですが。

「ただのあなたになれる穴場」を見つけましょう。

その穴場は、あなたの人生の宝になりますよ。

「いいニオイ」は、なぜみんなを幸せにするのか

みなさんは、どのようにネガティブ感情を解消していますか？

気分が落ち込むと、何をしても、何もしなくても、つらいものですよね。


ポジティブ感情は心拍のリズムを非常に規則正しくすると前に書きました。心拍のリズムが安定すると、自分だけでなく周囲の脳波もシンクロして安定し、さらに血圧など身体の細胞もシンクロします。

自分の心拍のリズムが安定すると、自分も周りもどんどんよくなるのです。

だから「ポジティブ感情を持つこと」「いい気分でいること」はとても大事な

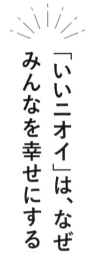

ことですが、そうはいってもイライラする。ネガティブ感情をいだいてしまうのが人間です。

そこで、いい気分でいるポイントは、呼吸のリズムを安定させることとお伝えしましたが、もうひとつお伝えしたいことがあります。

こちらのほうがよりカンタンで、かつ楽しく快適でしょう。

2つ目はズバリ**「いいニオイをかぐこと」**です。

人間の脳で、記憶や興奮、快不快、喜怒哀楽などの感情を司《つかさど》るのは大脳辺縁系《へんえんけい》という部分。嗅覚《きゅうかく》は、この感情を司る大脳辺縁系に直接つながっているのです。

五感のうち嗅覚以外の4つは、視床下部《ししょうかぶ》を通り大脳皮質《ひしつ》のそれぞれの感覚領域に情報を送り、それから大脳辺縁系に信号が送られます。

しかし、嗅覚はダイレクトに大脳辺縁系に伝わるため、他の五感にくらべて喜怒哀楽や記憶、快不快への影響が大きいのです。

ニオイをかいで記憶がフラッシュバックしてきた経験、ありませんか？

また、ニオイをかぐことは記憶を呼び覚ますだけでなく、興奮や快不快、喜怒哀楽などの感情にも影響があります。

人は情報の8割以上を視覚から得るといいます。そして「人の感情は8割がニオイから」です。

たとえば「食事の感情は8割は嗅覚、2割は味覚」です。情報は視覚から、感情は嗅覚からなのです。

そうすると「いいニオイをかぐ」、あるいは「よい思い出を呼び覚ますようなニオイをかぐ」のが、楽しくカンタンなネガティブ感情の解消法でしょう。

お風呂タイムや柔軟剤、化粧品などで女子が香りにこだわること、かつての僕は正直まったく意味不明でした。

でも「いいニオイ」の感覚って、こんなに感情に影響を及ぼすと知ってから、

「世界平和」としか思えなくなりましたね。

どんなニオイであろうと、あなたが「いい気分」になれるならそれでOKです。

ただ、他人がそのニオイをかぐのなら、一般的にもいいニオイであるほうが望ましいですね。香害《こうがい》は周りにネガティブ感情を拡散しますから、大変です……。

いいニオイで、みんなを幸せにしましょう。

ふつうの人が奇跡を起こす「祈りの習慣」

もし何か強い願いや期待を持った時、あなたなら何をしますか？

宗教に入っている方でなくとも、思わず「神頼み」をしたことが、人生で一度や二度はあるのではないでしょうか。

映画『グラン・ブルー』のモデルで、人類史上はじめて素潜《すもぐ》りで水深100メートルを超えたジャック・マイヨール。

伝説のフリーダイバーである彼は水族館に勤めていた時、メスのイルカに恋をし、「イルカになりたい」と強い願望を持ちます。そして「自分はイルカだ」と念じて潜っていました。

その結果、彼の身体はイルカと同じになります。

イルカやクジラなど水中で活動するほ乳類は、水深が深くなると「ブラッドシフト」という生理反応が起こります。脳や心臓など生命維持に重要な臓器だけに血液が集中するようになるのです。

そのため水圧や長く呼吸をしないことに耐えられるのですが、ジャック・マイヨールはこの「ブラッドシフト」が人間にも起こることを、自らの体で証明したのでした。

心拍数は1分間に60~80回が一般的ですが、潜水時の彼は20回にまで落ちたとか。心拍数は少ないほうが、酸素の消費量が少なくてすみます。まさに奇跡!

このように、強い気持ちは奇跡を起こします。

3つ目のコツは**「毎日祈ること」**。**祈りの対象は何でも構いません。**

僕は毎日神社に参拝しています……と言いたいところですが、違います。もちろん人よりはよく参拝していますし、特に近所の神社には週に1~2回は参拝しますが、毎日の参拝は自宅で行なっています。

祈りの対象は、好きなものなら何でもいいです。神棚でもいいし、仏像でも、ぬいぐるみでも、好きな絵でもいい。自由度は高いです。

毎日祈る意味も、やはり「他人用の自分」を消し、「ただの私」になることです。祈りの対象は自分を写す鏡になります。


実は、誰かに祈ることへの影響がデータで確認されています。

カリフォルニア大学の心臓学教授だったランドルフ・ビルド博士は、サンフランシスコ総合病院で、心臓病の入院患者393人を対象に、離れた場所から祈ってもらうグループ192人と、祈ってもらわないグループ201人に分けて実験を行ないました。

結果、「他人に祈られた患者」は、そうでない患者に比べて人工呼吸器・抗生物質・透析《とうせき》の使用率が少ないことがわかったのです。

ちなみに、離れた場所からの祈りは、たとえ祈りを受ける患者が、誰かに祈られていることを知らなくても、効果が出ます。

また、祈りの効果に距離は関係ありません。サンフランシスコ総合病院での実験では、アメリカ東海岸側からの祈りと、西海岸にあるこの病院の近くからの祈りも効果は同じでした。誰かに祈られる人にはよいことがあります。

一方で、**祈る人は潜在能力が引き出されます**。データがないんじゃないかって？　いやいや、心臓病を改善させる力を発揮しているでしょう。ただのふつうの人たちが、伝説の聖人かのような奇跡を起こしているのです。

「ゆっくり呼吸をしていますか？」

「なぜ、あの人はみんなに好かれるの？」と思ったことはないですか？外見がいい、話がうまい、経歴が立派、有名人、お金持ちなど、わかりやすい理由があれば、「そりゃそうだよね」となりますが、「なぜ、あの人が？」と謎に好かれる人たちもいますよね。

その秘密は**「自律神経」**にあります。

我々の意思とは「無関係に」、自律して体の臓器をコントロールする神経です。心臓の鼓動やホルモン分泌《ぶんぴつ》は、私たちが「動け！」「出せ！」と念じてそうなるものではありません。自律神経が勝手に動かし、勝手に分泌します。自律神経は直接コントロールできないのです。
ただ、間接的に影響を与え、改善することはできます。すると、好かれるし、本書のテーマである直感も磨かれます。

4つ目のコツは**「ゆっくり動く」**こと。

自律神経を研究する医師でベストセラー作家の小林弘幸氏は、「ゆっくり話し」「ゆっくり動く」と、その人の潜在能力を引き出すといいます。

健康になり、精神は安定し、仕事や勉強、家事のパフォーマンスは上がり、さらに人に好かれる。すると、運の流れもよくなっていく。まさに、いいことずくめです。

ゆっくり話すと、呼吸もゆっくり深くなります。呼吸がゆっくり深くなると、自律神経のひとつ副交感神経の働きが高まります。収縮した血管がゆるみ、血液が体のすみずみまで流れるようになり、結果、脳や五感の働きも高まり、直感も含めてさまざまなパフォーマンスが向上します。

しかも、安定した自律神経は、周りに伝染します。ゆっくり話す人の話を聞くと、聞く人の自律神経も安定し、落ち着くのです。

人に好かれること、人気や信頼が増すことも「ゆっくり」がカギなのです。


方、速く浅い呼吸は、もう片方の自律神経である交感神経の働きを高めます。心拍数が上がり、筋肉が膨張《ぼうちょう》する。そして瞬時に行動を起こせるようになります。脈拍のあるすべての動物に備わる「闘争・逃走反応」が活性化します。

行動なくして現実は変わりません。

ただ長く続くと、血管が収縮して血流が悪くなり、心身のパフォーマンスが低下します。ゆっくり深く呼吸することで、感覚を磨き、直感を得る。速く浅く呼吸することで、爆発的に行動し、現実化する。

ようするに、**行動し現実化するポイントはプレッシャー、感覚を磨き直感を得るポイントはリラックス**です。

ゆっくり呼吸すること、いい気分でいること、リラックスすること、どれも感覚を磨き直感を手に入れるのに適したことです。ただ、その直感を現実にするには、正反対のこと「も」必要です。

たとえば、締め切りなくして宿題はなされません。「締め切りが迫る！」というプレッシャーが、行動をうながします。鬼コーチがそばにいると、緊張し、呼吸も速く浅くなりますが、だからこそ、全力で練習します。

行動すると、何らかの結果は出ます。だから「行動！　行動！」「速く！　速く！」と尻をたたく人も多いし、結果が出るだけに説得力もある。

人に好かれるために、愛想よくしまくるようなものですね。

こうすると、結果は出ると思います。ただ、これ「また会いたい」わけではないですよね。魅力そのものはちっとも向上していません。魅力そのものを向上させるには、やはり中身をよくするしかない。

その中身をよくするコツこそ**「あなた、ゆっくり息してますか？」**なのです。

運がいい人は「自分を許す」ことを忘れない

「運がいい人は自分を許している」

と聞いて、「それってどういうこと？」と思う方も多いでしょう。

たとえば、外向的な人だと、人に会わないとエネルギー切れしますが、僕のように内向的な人は、ひとりでいないとエネルギー切れします。人に会わないほど元気になるのです。

とはいえ、内向的な人でも、人に会わないことで苦しむ人はいます。なんだか自分がダメな人間な気がして、自分を責めてしまうのです。

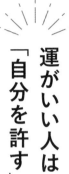

その気持ちはわかります。自分で自分を責めるのは苦しいですね。苦しいし、でもその苦しい環境を脱出しようと思っても、なかなか自力で脱出できません。なぜなら、ダメな人間だと自分で自分を評価しているから、そんな自分に何ができるのか？　と自信が持てません。でも、もし自分で自分のことを責めない、自分で自分を許せるのならば、人生はガラッと変わります。

５つ目のコツ。**「本気で自分を許す」**です。

自分を許すと何が変わるか？　「自力」を発揮するようになります。

直感を発揮する時、大前提となるマインドがあります。それは「自分を信じる力」。自信を持つことは、直感力を高める基礎の基礎です。

たとえば、何かを美しいと感じたら「美しい」と表現する。それが有名とか無名とか関係ありません。

そうしたら、有名画家の絵よりも、有名高級ワインよりも、名もなき画家の絵や安いワインのほうを素敵だと感じるかもしれない。もちろん有名なものはやっぱりすばらしいね、ってこともある。それでいいってことです。
「わかってない奴」と人から見下されても、いっこうに構わない。**自分が「美しい」「好きだ」「素敵だ」「おいしい」と感じる感覚を信じる。**そう感じる自分を許す。それが直感を得る基礎の基礎です。

他人や世間が美しいと評価するからそれに合わせようとすると、自分の直感が働かないし、働いたとしても受け入れられません。『俺はまだ本気出してないだけ』という映画になった漫画がありますが、自分を許すほどに、本気を出せるようになります。

逆にいえば、自分のことを許せないほど、本気を出せなくなる。自分は本気を出すほどの人間ではないと自己卑下《ひげ》したり、こんなことに自分が本気を出す価値がないと対象をおとしめたりします。
でも、**運は「本気の心」に宿ります。**あわよくばこうなればいい、なんてレベルじゃない、本気の決意です。

運とは「流れ」です。本書では、運がよくなることを**「あなたにプラスになる人脈と知恵が、タイミングよくもたらされること」**とします。

その人脈も知恵も、他人がもたらします。自分から求めて人脈や知恵を手に入れることもあるし、思いがけず他人がもたらしてくれることもある。どちらにせよ、**運とは他人からの贈り物**です。

人脈も知恵も、「本気の人」にしか、他人は贈りません。「本気を出してない人間」には、決して誰も何もあげないと思いませんか？

たとえば「やる」と決めていないのに、「やる」と周りに言ってしまう人を思い浮かべてください。その人に、誰かが応援すべく、自分の時間や知恵や人の紹介やお金を提供したとします。でも、煮え切らないまま、やるようでやらない。

本気じゃない人を応援しても、ぜんぶムダになります。

でも、本気の人間に注いだエネルギーは、決してムダになりません。たとえその本気の挑戦が失敗しても、その挑戦する心意気に、人は応援という贈り物をするのですから。

だから、**「自力」を発揮したら、「他力」もやってくる**。この2つは、どちらかだけ発揮されることはなく、等しく発揮される。自力に比例しただけ他力がやってきます。

「本気で何かをやること」は、人生を変えるいちばんのカギです。

その本気になれる一歩手前が、自分で自分を許すこと。

本気の自分を認め、受け入れ、許すことなのです。

見えない力の「流れをよくする」もの

ところでみなさん、一日のうち、水分補給をどれくらいしていますか？

僕は割とこまめにミネラルウォーターを飲んでいます。ペットボトルの水を、一日に2リットル以上は飲んでいるでしょう。

あくまで僕の個人的な感覚ですが、渇《かわ》くと直感が働かなくなる。だから、のどが渇く前に飲むようにしています。

僕にとっては「水＝直感」。肌がツヤツヤになるほど潤っていると、直感の流れもよくなります。そのためには、常にエネルギー補給が必要と言えます。

6つ目は **「神社参拝でツヤツヤになる」** です。

僕にとってのいちばんのエネルギー補給基地は、神社参拝です。特にたくさんの水がある神社は、参拝すると肌がツヤツヤになります。

たとえば、北口本宮冨士《ふじ》浅間《せんげん》神社。1900年以上の歴史があり、富士山の神社では代表格でしょう。神社といえば参拝前に手を洗いますが、竜の口から勢いよく流れる富士山の雪解け水がすばらしい。

僕は人より多くの神社に参拝していますが、北口本宮冨士浅間神社ほど水の流れが勢いよく、そして水量が豊富な神社というのは、ちょっと記憶にありません。境内《けいだい》を流れる川の水も、冷たくて気持ちいいだけでなく、エネルギッシュなのです。

水のよい神社は、森もまた豊かです。

水と森の神社といえば、群馬県高崎市の榛名神社はフルコース料理のごとく自然豊かな神社です。有名な山岳修行の地ですが、水も食事もおいしい。修行じゃなくて、ただ自然の恵みを満喫していたのではないか？　と勘《かん》ぐりたくなるほど、群馬の自然は豊かです。

実は、**神社の中でも、ふだん関わる人たちの想念が届かなくなります**。そして、「他人用の自分」が消え、悩みや迷いなど余計な思考のない「ただの私」になり、直感力が高まるのです。

なぜそうなるかというと、神社には俗世間と区別するための強力な境界があります。入り口に鳥居があり、鎮守《ちんじゅ》の森、川、山や坂の上、あるいは島や海岸にあるなど、神社は日常社会と明確に区切りのある空間です。

そのため神社の中にいると、他人の想念が届かなくなるだけでなく、自分の日常の想念さえ届かなくなります。ですから、神社にいるとふだん思いもしないことが、ふと浮かび上がってくることがあります。

たとえば、縁結びのお願い事をしようと、拝殿の前に立ったら、感謝の思いが湧いて、ただ「ありがとうございます」とだけ祈って帰ってきた、なんてことが起こる。

それで、後で「あー、もったいないことした！」なんて思い返すわけですが、拝殿の前で感じたことこそ、「ただの私」が感じた「私の中の本音の本音」です。

縁結びのお願い事をしようと思った自分は、「他人用の自分」なのでしょう。それも自分だし、その思いを捨てる必要はまったくありません。ただ、**私の中の本音の本音は、たいていのことは「どちらでもいい」**のです。

結婚してもいいし、しなくてもいい。友達がいてもいいし、いなくてもいい。我が子がいてもいいし、いなくてもいい。我が子と血がつながっていてもいいし、いなくてもいい。収入が多くてもいいし、少なくてもいい。

本音の本音が感じる感覚は、感覚だけに言葉では表現しにくく、誤解も生じがちです。

たいていのことはどうでもよくなるとも言えるのですが、「どうでもいい」と言うと、すごく投げやりで、やる気のない、情のない人と思われかねません。

そうではないのですが、かと言って、ではどうなのかと言葉にするのは限界がある。したがって、これはもうあなたが体験してください。体験して感じる。本書に何か感じるものがあれば、ぜひ本書に書かれたことを実践してほしい。

直感力とは、ようするに「ただの私」が観て感じてわかったことです。

「ただの私」とはいったい何者で、どんなことを観て感じて行動するのか。

「ただの私」は常にあなたの真ん中に、奥底に、天上にいます。いますが、それを自覚し、感じることは、日常ではなかなかないこと。

だから、神社という「ただの私」になりやすい非日常の空間に身を置くことで、それをあなたの身体で、心で、感じてほしいのです。

神社とは、日本神道とは「感じる宗教」ですから。

体感を呼び覚ます「芸術」に触れる

「一目見て、イイものはイイ、ダメなものはダメ」

自動車メーカー・マツダのカーデザイナー前田育男氏が語るデザインの良し悪しの判断基準です。

暴論にも思えますが、前田氏曰く、アートと呼べるレベルの作品は、説明がなくとも、一目見たその瞬間に人を感動させられるものでなくてはならない。

だから、データや説明などは参照しないし、そんなものが必要な時点でそのデザインはダメだ、というのです。

7つ目は**「美意識をダウンロードする」**です。

そのためのコツは「本物の美に触れる」。美術館、写真展、書店、劇場など、作品が並ぶ場所に足を運び、味わう。購入できる時は購入する。それだけのことなのですが、その時に作品を味わうための、ちょっとした見方があるのです。

それは**「身体の感覚に敏感になること」**です。

たとえば、ある男性写真家の作品展に足を運んだ時のことです。テーマは「オトコ」で、被写体は男性ばかりでした。ある作品の前で、僕はこんな感覚を覚えました。

下腹がカッと熱くなり、まるで火の玉がお腹の中をグルグルうごめくような感覚を覚えたのです。衝動的で刹那《せつな》的で、それでいて、しつこく執念深い。暴力的とも言える突進し突破する力。

「オトコ」だけ取り出すとこうなるのかな、と思ったものでした。

こういう体感を呼び覚ます作品が、僕にとっての「一目見て、イイものはイイ」です。逆に何も呼び覚まさなければ「ダメなものはダメ」になる。うまい作品とは、専門家の技術的知識が無いと、どこがどううまいのか説明できないでしょう。素人にできることは、ただ作品の前に立つだけ。作品の前に立って、数秒か数十秒か、ボーッとする。何も感じなかったら、それだけ。有名な作品でも、何も感じないなんて珍しくありません。

むしろ、何も感じない作品が大半です。

それはその作品が客観的にダメだというわけではない。ただ私には感じなかっただけ。それ以上でも以下でもありません。

アートはワガママなものです。なぜなら「顧客」の視点が無いから。誰も使用しないのだから、お客様のニーズにお応えする必要はない。ただ、自分の中の衝動を表現しているだけです。

お客様のニーズに応えないなんて、ビジネスの常識とは異なります。しかし、アーティストはワガママだからこそ「直感を刺激する」という意味で価値を持つ。

アートを味わう中でも、これまでくり返し述べてきたことが起こります。つまり、**ふだん関わる人たちの想念が届かなくなります**。「他人用の自分」が消え、悩みや迷いなど余計な思考のない「ただの私」になり、直感が発揮されていくのです。なぜなら、アーティストがそうだから。「お客様用の自分」「評論家用の自分」など他人を消して、「ただの私」として作品づくりをしているからです。

もちろん、すべてのアーティストがそうではないだろうし、むしろ、そこまでワガママになれる人は少ないでしょう。

だからこそ、すごいアーティストには価値があります。

僕は宮崎駿さんの作品の中では『ハウルの動く城』からが興味深くて、そこから『崖の上のポニョ』『風立ちぬ』と僕にとって体感を刺激する作品が続いたのです。

3つとも説明の難しい作品ですが、人々の「地の底＝地下室」に届く、言葉にならない感覚を刺激したように想像します。少なくとも、僕の「地の底＝地下室」は刺激されました。

おのれの直感を刺激するなら、アートの鑑賞は考えるのでなく、感じる。この世にはこの作品と私しかいません。一期《いちご》一会《いちえ》のつもりで、作品と向き合います。もちろん、アートの勉強もしなくていい。勉強したら、うまさを説明できるようになってしまいますからね。

「本当の自分の願い」に気づくには

「なぜここに人がいないのだろう?」

幼い頃、鎌倉で長期休暇を過ごしていた時、ある人気のカレー屋さんを訪れると長蛇《ちょうだ》の列でした。並ぶのが面倒くさいなぁと思って、ふと隣りを見たら、カレー屋さんがあります。中に入ると、広い店内はきれいでしたがガラガラでした。本当に誰もいない。で、おそるおそる注文してみると「うまいっ!」。

ガラガラですから、よほどマズイのかと思ったら、人気店になっておかしくないぐらいのおいしさです。お隣りがテレビで紹介されて大人気になり、このお店には気の毒な状態ですが、お客にとってはこの上ないぜいたくな経験でした。

「こんなにおいしいし、店もきれいなのに、なぜカレー屋さんにお客が来ないのか？」

子どもながらたいへん疑問でしたし、行列のお客さんにも「なぜその有名店に行くことしか頭にないのだろう？」と疑問を持ちました。

それだけに非常に印象に残り、「人気がないからダメとは限らない。裏道があるのではないか。人のいないところにこそ、お宝があるのではないか」と自然に意識するようになりました。

誰もいない場所に行く。これが8つ目のコツです。

僕はいちおう神社本のベストセラー作家なので、また神社を例に出すと、たとえば明治神宮です。日本でいちばん人気の神社で、僕もよく参拝します。

敷地面積は約七〇万平方メートル、東京ドームでいえば、約15個分の非常に広い神社です。それだけにみなさんがよく集まる場所もあれば、誰もいない場所もあります。

たとえば奥の宝物殿前に、広大な芝生の広場があります。寝転んだり、散歩したり、のどかで気持ちのいい場所です。みんな知っていると思っていましたが、明治神宮によく参拝する人にも意外に知られていない。

そういえば、人はいるのですが、いつも空《す》いています。ビニールシートを敷いてゴロンと寝転んだり、ノンビリ思索にふけったり、とても落ち着く場所なのですけどね。それこそ「パワースポット」と言いたくなる広場なのですが、意外に穴場です。

さらに明治神宮には、ほとんど人通りのない参道もいくつかあります。土日祝日でさえ、ほぼ誰も通らない道があり、僕はよく歩かせていただいてます。なぜなら、最も気持ちのいい場所だからです。

芝生の広場が笑顔で談笑できる癒《い》やしの場所だとしたら、人のいない参道は

「おごそか」という言葉が似合う、ピリッと気持ちの引き締まる神聖な場所です。

神社に参拝すると、「他人用の自分」が消え、「ただの私」になり、直感力が高まりやすくなると申し上げました。

そんな神社の中でも、人のいない場所に行くと、それがさらに強まります。なぜなら、神社は人が集まる場所だけに、参拝客の想念には影響を受けます。したがって、より「ただの私」になり、直感力を高めるためには、人の少ない穴場に行くとよいでしょう。

神社にいるとふだん思いもしないことが、ふと浮かび上がると申し上げましたが、**神社の中でも人のいない参道を歩き、人の通わないお社に参拝すると、そもそも何も思わなくなる。空っぽになる**のです。

それは欠乏感ではなく、空っぽだけど充実している。無なのに有な感覚なのです。願望はあるのですが、その願望から渇きが消えます。のどが渇きに渇いて水を欲するような、おしっこをガマンにガマンしてどうしても出したいような、強い執着《しゅうちゃく》が消える。人のいない場所は、それだけ自分に集中できる。自分という海の中を深く深く潜る感覚になるのです。

神社は願いを叶える場所といいますが、正確には**願いから執着を取る場所**です。執着を取ったら願い自体が消えることもある。

「なんであんなに欲しがったのだろう?」と。その願いは、実はただ「他人用の自分」が欲していただけで、ニセの願いだったのです。

ニセの願いは、神社でお祓いされてしまいます。そしてニセの願いを祓った上で、欲することは叶います。そして有なのに無な感覚を知ります。

執着はなくして終わりではない。無いのはスタート。いわば、裸の赤ちゃん。なくした後に、本気の「欲しい気持ち」が生まれるのです。そこから、本気の人生が始まります。

誰もいない場所に行きましょう。そして本当の自分の願いに気づきましょう。

「超自然的な存在」との偶然の出会い

「なぜ僕は鹿の後をついて歩いているのだろう。折れた木をくぐって、ついてきたはいいけど、この道は、どこへ向かうというのか?」

広島の厳島《いつくしま》神社にひとり参拝した後、僕は弥山《みせん》という山に登り、頂上まで行きました。ロープウェイを使い、山頂駅から三十分ほど歩くと山頂です。

山頂近くに厳島神社の奥宮と呼ばれる御山《みやま》神社があるのですが、観光ルートから少し外れています。そのため、通常ならその存在に気づかないのですが、目の前にひょいと鹿が現われました。まだ子鹿でしょう。さすがにちょっと驚いていたら、子鹿は僕の目をしばらくじっと見つめた後、横道に入っていきます。なぜかついていきたくなった僕は、倒木をくぐり、後を追います。ほんの数分ほどでしょうか。

断崖絶壁にたどりつきました。

「怖っ」と足がすくみ、腰を少し引きながらあたりを見回すと、朱色のお社があります。とりあえず参拝すると、「皇太子殿下御参拝」という石碑があることに気づきました。

後で調べたところ、実はここが御山神社で、1926年に当時の皇太子殿下である昭和天皇がご登拝《とうはい》されました。また、厳島神社のご祭神である宗像三女神《むなかたさんじょしん》が降臨《こうりん》したとされる場所でした。

厳島（通称・宮島）の神様がおわす場所だったのです。どうりで誰にも会わなかったわけです。

これが最後のコツ**「超自然的な存在に出会う」**です。

我々人間はともすると、人間だけの世界で生きていると勘違いします。地球の中心は人間であり、地球生物の頂点としてこの世を支配していると、空気の存在のように、ごく当たり前のこととして認識しています。

「われら地球の王者なり！」と思ったことはありますか？　たぶん無い人がほとんどでしょう。それは、あまりに当たり前すぎることだからです。

しかし、この地球を動かす「理《ことわり》」のようなものが、我々の認識の外にあり、その目に見えない理が、時に超自然的な存在として、我々の前に現われることがあります。

それは厳島の鹿や、ネコ、蛇《へび》、ヒョウ、ピューマ、カラスなど。こうした出会いを、アメリカ先住民は「トーテム（自分たちと特別な結びつきのあるもの）」ととらえ、私たちの魂の根源に触れ、長く眠っていた太古の叡智《えいち》（深い知恵）を呼び覚ますとします。

ちなみにネコ科の動物が多いのは偶然ではありません。彼らは霊的な力が強く、そばにいると霊的な結界《けっかい》となって、私たちを守り、感覚の強化を助けます。

直感力を高めたい人は、ネコを飼うのがおすすめです。政治家や芸能人、大企業の経営者のような、人気商売の人、人からたくさんの意識を向けられる人にも、人の想念から自分を守る存在として、ネコをおすすめします。

何も出会うのは、鹿やネコのような動物だけではありません。龍のような空想上の存在と出会うこともあります。

たとえば蒲郡《がまごおり》の竹島にある八百富《やおとみ》神社です。昭和天皇は皇太子の時代に訪れ、そして即位してからも、皇后様と訪れています。

竹島は周囲620メートルの小さな島ですが、この島のいちばん奥に龍神様がいます。八大龍神《はちだいりゅう》社です。

『龍神略縁起《りゅうじんりゃくえんぎ》』によると、八百富神社を創建した藤原俊成卿《きょう》は夢で「この海底で年月が経過すること数百年に及んでいる。この島に社を建て私を祀るならば、永く守護をあたえよう」とのお告げがあり、その通りに海底に綱を入れたところ、龍神の御尊体が現われたとされます。

龍＝流＝流れ。

昭和天皇がたびたび訪れた蒲郡・竹島の龍神様は、昭和という時代の流れを司ると言えるでしょう。

ではこの令和の時代の龍神様は、どこにいるのでしょうか？

それは東京都檜原《ひのはら》村です。今上天皇は、昭和54年に檜原村の九頭龍神社を訪れています。檜原村は人口約2000人、奥多摩の南に位置する山深い場所で、東京では、離島を除いて唯一残された「村」です。

きれいな水のあるところに龍がいます。おとぎ話みたいですが、心にとどめておいていただけると幸いです。

では、平成の龍神様はどこにいるのでしょうか？

残念ながら存じません。昭和と令和は、僕は「偶然」知ることができました。

平成の龍神様について、よく調べればわかるかもしれませんが、偶然のご縁にお任せしたいと思います。

と言うのも、超自然的な存在と出会う奇跡って一度しか体験できない。一度、体験すると「もう一度！」と思うのですが、二度はない（笑）。

僕も欲しがりですから、何度もおかわりしたくなるのですが、一度もおかわりできたことがありません。

出会える時は出会える。それは相手の意向にお任せです。残念ながら、「地球の王者たる人間様」（笑）の言うことに従ってくれない。我々にできることは、**奇跡的に出会えた時に「気づく」こと。**

出会えたことに気づき、出会えた意味に気づく。そして感謝する。それだけです。

それが、私たちの魂の奥底を刺激し、太古の深い知恵である「見えない力（直感）」を呼び覚ますことでしょう。

5章

「ただの私」になれた時、すべてが思い通りに！

——ゴールへの「最短ルート」がここにある

本書をここまでお読みになった方は、直感が働く本質は、「他人用の自分」を消し、「ただの私」になることだと、ご理解いただけたでしょう。

少なくとも、僕がそう言いたいことは伝わったと思います。


最後の章では、ここまでお話ししたようなわかりやすい事例ではなく、直感が働いた時の、3つのエピソードをありのままお伝えします。

その内容は、僕や周りに現実に起こったことですが、にわかに信じがたい不思議な内容を含みます。また、読者のみなさんのお役に立つ情報ではないかもしれません。

「そんな内容を、なぜ書くの？」と疑問に思われるかもしれませんが、わかりやすく伝えようとすると、抜け落ちることがあります。

そのため、最後の章だけは、あえて抜けのない、ありのままの「真実のエピソード」を伝えさせてください。

エピソード1：「ひとりぼっちじゃない」宇宙戦争

「ひとりぼっちになってしまった……」

もう10年も前のことになるでしょうか。

ひとり落ち込むことがありました。当時、神社参拝の奥深さがわかってきた僕は、そういった話をできる「仲間」が何人もいました。実に楽しかった。

ただ神社に参拝するだけでなく、神社や自然から感じる、神様とか霊とか名づけられているであろう「何か」を語り合える時間が、語り合える人たちがいるのが楽しかったのです。マニアックなことですし、一緒に語り合える人を見つけるのも、なかなか難しいことでしたから。

ところが、その「仲間」の中心人物の方針に、僕が合わせることができなかったため、その楽しい仲間から離れることになったのです。それで、本当にガッカリしてしまい、ひさしぶりに落ち込みました。


「ひとりぼっちになってしまった……」


これがその時に心の中で、ずーんと沈みながら思わず、感じたことでした。

夜、部屋の中でひとりそう感じながら、目を閉じ、あぐらをかいていたのです。

するとその時、閉じていたまぶたに、いや、正確に言うと、目を閉じて想像や妄想する時に、映像が映る場所がありますよね。感覚としては、額《ひたい》の裏あたり。

そこに、こんな映像が映し出されました。


宇宙空間に、無数に点在するモビルスーツが現われ、

「ひとりじゃない！　我々がついている！」
と叫ばれたのです。

モビルスーツとは、アニメ「機動戦士ガンダム」を知っている方にはおなじみ、宇宙空間や地上での戦闘に活躍する有人飛行ロボットです。わからなければ、人型ロボットをイメージしてください。

それが宇宙空間に、数は千か万か、大量に現われる映像を見たのです。

エピソードとしては「バカげている」と思う方もいるかもしれませんが、この時、僕は本当に安心したのです。**「あ、ひとりじゃないんだ――」**と。

本書を読んで、「心の声」は生死を思うほど大変なことが起こらないと、聞こえてこないと思われた方もいるかもしれません。

また、孤独や絶望を味わわなくてはいけない、孤独であり続けなければいけないという誤解を与えたかもしれませんが、決してそうではありません。

僕のこのエピソードも、ひどく落ち込みはしましたが、客観的に見れば大したことではない。

「ただの私」になることは、ひとりぼっちで生きることではないのです。

すごく矛盾するようですが、孤独を感じた時、自分はひとりではないことに気づくのです。

「私には私という永遠のパートナーがいる」、そういうことです。

宇宙空間に現われた大量のモビルスーツは、私にはたくさんの「私という味方」がいるということを教えてくれました。たくさんの私とは「神々」です。

「神々」とは、潜在意識にある「私の中のさまざまな私」であり、それをサイコシンセシスという心理学の用語で「副人格」といいます。

神々たちは「ただの私」ですが、その性質は、「八百万《やおよろず》の神々」と言うようにさまざまな性質がある。

「恋する私」「戦う私」「英雄の私」「知恵者の私」「ただのオンナとしての私」「ただのオトコとしての私」など。

宇宙空間に現われた無数のモビルスーツは、同じく無数にいる「ただの私」であり、無数の副人格たちなのです。

だから、ひとりなのだけど、ひとりじゃない。物理的には、ひとりぼっちなのに、心に孤独はないのです。


なぜなら、**私は私を愛しているから。私は私の味方**だから。

「ひとりじゃない！　我々がついている！」

エピソード2：すべてのご先祖様に愛をささぐ

「平家の霊をなぐさめるために、瀬戸内海を旅したことがあります」

講演会などでこうお話しすると、爆笑されます。

別にふざけているわけでなく、10年ほど前、僕は日本の時代をめぐる旅をしていたのです。日本神話に描かれる古代から、僕が生まれた昭和の時代まで、それぞれの時代を象徴する場所に、参拝していました。

たとえば、鎌倉時代であれば鶴岡八幡宮《つるがおかはちまんぐう》に代表される源頼朝ゆかりの神社、昭和であれば、第2次世界大戦の戦没者を追悼《ついとう》する千鳥ケ淵《ちどりがふち》戦没者墓苑や靖國《やすくに》神社などです。

「平家の霊をなぐさめるって、どうしたの？」

と聞かれることがありますが、別に大したことはしていません。

大阪南港から北九州の新門司港まで、大阪湾から瀬戸内海を横断するフェリーに乗り、その間中、源平合戦で亡くなった人たちに、心の中で哀悼《あいとう》の意を表し、不動明王の真言《しんごん》を唱え続けました。

ほかに特別なことはしていません。睡眠もとりました。

「そんなことをして何になる？」と思う方が多数でしょうけど（だから爆笑されるのだと思います）、別に何も狙っていません。ただ、日本の歴史をたどりたかっただけ。

時代をいろどった有名無名の人たちに、心を傾けながら旅をしただけです。

もちろん、旅をした順番もぐちゃぐちゃです。

最初は法隆寺で聖徳太子のことを想う旅から始まり、この国を「日本」と名づけた神様ニギハヤヒノミコトと関連する奈良・大阪の神社、日本の国生み神話の舞台である淡路島・沼島《ぬしま》、伊勢神宮、熱田神宮、平清盛ゆかりの厳島神社、徳川家ゆかりの江戸城天守台など、思いつくままに旅をしました。

これは「開運旅行」と呼ばれるものとも違う。あとあと振り返ると、「日本」という国の集合意識と僕はシンクロしようとしていたのでしょう。

日本国の集合意識とは、日本という国、国家に対して、古代から現代まで思いを寄せてきた人たちの意識の集合体です。それが僕にとって「日本人」になることでした。

日本は祖霊《それい》信仰の国です。ご先祖様を神様として信仰する。我々は人として生き、死すと祖霊神という神の一部となり、そしていつかまた人として生きる。その輪廻《りんね》をくり返すというのが、日本的な死生観でした。旅を通して「過去の時代」を感じることで、僕は祖霊神の一部に思いを寄せ続けたのです。

この時代をめぐる旅を通して、僕はご先祖様の思いを受け継ぎ、バトンを受け取りました。ご先祖様＝祖霊神を愛し、受け入れ、その結果、僕の潜在意識も変わりました。

時代をめぐる旅を通して「日本国」の集合意識を、自分の潜在意識にしみ込ませたのです。それは国家観や思想のように言葉や知識として理解したのではなく、旅を通して身体で、感覚で、感じたのです。

聖徳太子以来の日本の和の精神を、言葉や知識ではなく、感覚として、自分の潜在意識にダウンロードしました。

結果として僕は、「神社」というご先祖様＝祖霊神をお祀りする場について、世に伝えるお役目をいただいています。

適任なのかはわかりませんが、「神社の語《かた》り部《べ》」として誰かが認める限りは、僕はそのお役目をまっとうするでしょう。

「自分を愛し、人を愛し、そして国を、ご先祖様を愛する」

そうやって愛の形が、愛の範囲が広がっていくことで、湧き上がってくる直感のスケールも広がっていくでしょう。

エピソード3：日本中の龍が集まる聖地へ行こう！

「では、どこから旅に行けばいいの？」

やっぱり、そういう単純な結論があるといいですよね。

日本の時代をめぐる旅はどこから始めるといいか、最後にガイドしましょう。

「壱岐《いき》島の龍神様を訪れてください」

いきなり結論ですが、ここをスタートにすることを僕はおすすめします。理由は、まず「時代」ということでいえば、壱岐は日本の歴史がスタートした場所です。

壱岐は3世紀末に書かれた『魏志倭人伝《ぎしわじんでん》』に登場する「一支国《いきこく》」。邪馬台国《やまたいこく》に従う「国」だったのです。

魏志倭人伝は、邪馬台国と女王・卑弥呼《ひみこ》が登場する歴史書として有名ですが、「日本」について記された最も古い記録です。

邪馬台国の場所がわかれば、そこがスタートの場所にふさわしいですが、何せ、まだ不明。となると、魏志倭人伝に登場した、壱岐か対馬しかスタートの場所がありません。

実は、**壱岐島には、日本中から龍が集まる**とされます。

「誰が言っているの?」「証拠は?」と問いたいかもしれませんが、事実だけ申し上げると、そういう意識でいる人たちが一定数いるということ。それ以上でも以下でもありません。

あくまで各人の意識上の設定であり、客観的な事実とは区別してください。

その上で申し上げると、出雲大社の神在祭《かみありさい》が始まる前、日本中から龍が壱岐に集まり、そして全国の神様をお迎えに行きます。

神在祭とは、旧暦の10月（新暦の11月中旬～12月中旬）に、日本中から八百万の神々が出雲大社に集まる祭事です。

壱岐は「神社密度ナンバーワン」と言われるほど、神様が密集する場所ですが、同時に、**壱岐は「龍神ターミナル」とも言える超重要拠点**なのです（という設定の人たちが一定数いるわけですね）。

龍＝流＝流れ。

日本中の龍が集まるとは、日本中の流れが集まること。

龍がたくさん集まる場所に行くと、あなたにピッタリの流れに導かれます。時代をめぐる旅をする方なら、次にどこに行けばよいかも、自然と導かれるでしょう。

壱岐島で龍神様の神社といえば、まず島で最も標高の高い場所にある「岳《たけ》の辻《つじ》」にお祀りされる「龍光大神《りゅうこうおおかみ》」をご紹介します。

こちらにある龍の像は7つの爪があります。爪の数は、龍の格を表わすという説があり、日本では通常、龍の爪は3つです。中国の皇帝が使う龍の爪だけ5つであり、7つの爪がある「龍光大神」の格はきわめて高いことになります。

そして、もう一社ご紹介したいのが龍蛇神《りゅうだしん》神社です。

薄い石がビッシリと折り重なって並ぶ大きな龍のウロコのような海岸で、岬の先端に立つ小さなお社です。龍が暴れているように荒ぶる風と波は、暴力的に感じるほど自然の力を感じる場所です。

出雲大社の龍蛇神信仰「龍蛇神講《じんこう》」と関係あるお社と言われています。神在祭で全国の神々は、龍蛇神様の先導で出雲大社まで出向かれるとか。

この壱岐の龍蛇神神社に、日本中の龍が集まるのかもしれませんね。

邪馬台国の昔からある壱岐には、神社の、日本神道の源流があります。**直感がもたらす知恵は「源流」からの知恵**。ぜひ、流れの源を訪れてください。龍神様の神社に参拝して、世の「流れ」を感じてください。

この世を、そしてあなたの人生を変える新たな流れが、「直感」という形で呼び込まれるでしょう。

今ここから、始まる。あなたも私も。

〝直感〟という「見えない力」の目覚めとともに。

おわりに……あなたには「すべてを解決する力」があるのです

最後までお読みくださり、誠にありがとうございます。

「直感」をテーマにした本書は、いかがでしたか？

この本は、とくに「最近なんとなくうまくいかない」が続いている人に向けて書きました。

気をつかえばつかうほど人を怒らせたり、物事がうまく進まなかったりする。

「なんで、こうなるんだろう？　どうしたらいいのだろう？」

昔の僕自身も抱えていたモヤモヤです。

あれこれ不安に思わず、自分の心の声に従って行動すればよかったのに！

この本をお読みくださったあなたも、仕事や、家族関係、友人関係など、さまざまお悩みかもしれません。でも、あなたにはすべてを解決する力があります。あなたの腹の奥底には、偉大なる「深い知恵」があるのです。自分の中の直感という「見えない力」にぜひアクセスしてみてください。

他人用の私ではない、純粋なただの私――その**「純粋な私」が持つ深い知恵に触れる時、私たちは大きな力を発揮できます**。古今東西の成功者も、そうして大きな結果を出しました。

自分の心の声に従うことが、充実した人生を送るために最も重要なことです。他人の意向をいくら気にしても、生き生きした人生は送れません。あなたの奥深くにいるあなたの偉大さにどうぞ気づいてください。

気づけば気づくほど、こんなに人生は楽しくおもしろいのだと実感するでしょう。

〝自ら答えをつくる力〟こそ、直感力。

僕はこれからも、純粋な私とともに、僕の答えをつくり続けます。

あなたも、あなたの純粋なあなたとともに、人生をつくり上げてください。それが本書の著者としての願いです。

この願いが叶うように、神社にお祈りしますね。

八木 龍平

本書は、KADOKAWAより刊行された『成功する人が磨き上げている超直感力』を、文庫収録にあたり加筆・改筆・再編集のうえ、改題したものです。

あと少《すこ》し「直感《ちょっかん》」を生《い》かすと人生《じんせい》が変《か》わる！

著者　八木龍平（やぎ・りゅうへい）
発行者　押鐘太陽
発行所　株式会社三笠書房
〒102-0072 東京都千代田区飯田橋3-3-1
電話　03-5226-5734（営業部）　03-5226-5731（編集部）
https://www.mikasashobo.co.jp
印刷　誠宏印刷
製本　ナショナル製本

©Ryuhei Yagi, Printed in Japan ISBN978-4-8379-3022-8 C0130

＊本書のコピー、スキャン、デジタル化等の無断複製は著作権法上での例外を除き禁じられています。本書を代行業者等の第三者に依頼してスキャンやデジタル化することは、たとえ個人や家庭内での利用であっても著作権法上認められておりません。
＊落丁・乱丁本は当社営業部宛にお送りください。お取替えいたします。
＊定価・発行日はカバーに表示してあります。

王様文庫

いいことがたくさんやってくる!「言霊」の力

黒戌 仁

運をつかむ人は「パワーのある言葉」を上手に使っている! ◎言霊の基本は、「シェア」と「いいね」と「ありがとう」 ◎一寸先を〝光〟に変える言葉 ◎神様は、「私は○○します」といい切る人が好き……「魂の声」を活かして、自分の魅力と可能性をもっと引き出す本。

神さまと前祝い

キャメレオン竹田

運気が爆上がりするアメイジングな方法とは? 「よい結果になる」と確信して先に祝うだけで願いは次々叶う! ☆前祝いは、六十八秒以上 ☆ストレスと無縁になる「前祝い味噌汁」……「特製・キラキラ王冠」シール&おすすめ「パワースポット」つき!

知らずにかけられた呪いの解き方

エスパー・小林

土地、因縁、血脈……身近にある「魔」を、あなどる勿《なか》れ! 「邪」をはね返し、運気を盛んにする方法を伝授! ◎「魔」を呼び寄せる空間がある ◎心霊写真ー「本当にヤバい霊」の場合 ◎私が女性に真珠、ダイヤをすすめる理由……この本は、「読むお守り」になる!

K30590